都市の環境評価と
都市政策

大城純男 著

大学教育出版

はじめに

［汐留地区より浜離宮庭園・レインボーブリッジ方面を望む（東京都）］

都市という不思議な、しかし魅力的なシステム

「都市」というシステムは不思議な存在である。

なぜ人や企業は都市に集まってくるのだろうか。

遠距離で満員の通勤電車、混雑する道路、自動車の排気ガス、ヒートアイランド、高い地価や住居費、多発する犯罪、崩壊したコミュニティ……

それでも、依然として都市に住む人口の割合は増加し続けている。

都市に住むことが強制されているわけではないのに。

たしかに、都市には他にない魅力がある。

オペラハウスやミュージカル劇場は都市にしかない。

高層ビルの連なった摩天楼、巨大なデパート、直営のブランドショップ、都市型カフェ、猥雑な飲食街、多様な職業を持った人たち、多種多様な事業所……

こうした都市の魅力や短所などの「社会的環境」を、経済学的な手法で分析・評価し、都市政策の意思決定に活かしていこうというのが、本書のねらいである。

すなわち、本書は計量経済学の手法による都市の社会的環境の評価方法を示し、これを日本の都市や都市圏に適用したものである。

さらに、これらの分析を通して得られた環境評価の結果を解釈し、都市政策に関するインプリケーションを提示することにより、採用した研究方法が有効であることを明らかにしている。

各章のあらまし

　読者が読み進めやすいように、各章の概要を示せば、以下のようである。どの章から読み始めていただいても、理解いただける構成となっている。

　第1章「都市の環境評価」では、都市の環境評価の意義について、都市再生、首都機能移転、産業クラスター整備、コンパクトシティなどの諸課題・諸潮流の中で、都市の環境評価が求められていることを述べた。また都市の環境のうち、本書では都市の社会的環境を中心に分析することを述べている。

　また、都市の環境評価手法について、一般的に行われている類型化を示した。このうち特に、顕示選好法（revealed preference：RP法）と表明選好法（stated preference：SP法）の区分について述べ、本書では、RP法の経済評価を採用したことに言及し、環境評価に関する研究領域の中での本書を位置付けている。

　第2章「賃金・地代の一般均衡モデルによる都市の環境評価と都市政策」では、消費者と企業のそれぞれの最適化行動を組み入れた新古典派モデルであるRoback（1982）モデルに基づき、日本の大都市のアメニティ評価を行った。このモデルは、「土地の資本化（キャピタリゼーション）理論」と、「補償賃金格差（均等化差異）理論」の2つを統合したモデルという性格を有しているのが特徴である。アメニティの種類ごとにその帰属価額を推計し、これを都市ごとに集計してアメニティの総合評価額とし、その3期の推移を示した。

　先行研究との比較という点では、本章では、①3期にわたる分析を行いその推移を観察したこと、②これをもとにそれぞれの都市においてどのようなアメニティを中心に改善すべきかを示したこと、③各アメニティの説明変数を標準化することにより変数間の分散の差を調整したこと、などが特徴である。

　実証分析の結果からは、日本の大都市の中で総合評価が上昇している横浜市ではインフラ整備などが、福岡市では公害状況の改善などが評価上昇の要因と

なっていること、総合評価が下降している京都市と大阪市では、人的資本蓄積水準の相対的下降などが評価を低下させているとの結果が得られている。

第3章「人口移動関数の推定による都市環境の評価と都市政策」では、バブル崩壊後に人口減少傾向にあった3大都市圏の母都市である東京都区部、名古屋市、大阪市の人口が、1995年から1999年にかけて、反転増加し始め、今日に至っているという近年の人口再集中に着目している。

住民基本台帳による人口動向調査の分析から、こうした人口の反転増加が地方から大都市への人口移動から起きているのではなく、主として大都市から郊外への人口移動が縮小しているためであることを明らかにした。

最近の10年の3期について、東京都区部と政令指定都市を対象として、都市属性を説明変数とする人口移動関数を推定することにより、人口増減の決定要因を分析した。その結果、近年は、人口規模、人口密度、第3次産業シェアなどが住民の移動による人口増加の要因となっており、他方、市民所得や有効求人倍率などはその要因となっていないことが明らかとなった。これは前述した人口動向調査の分析結果と整合的であった。

この人口移動関数の推定式について、チャウ・テスト（Chow Test）で構造変化を検定したところ、第1期と第2期、第2期と第3期の間で、有意水準1%で構造変化があったとの結果が得られた。近年の人口移動とその説明要因の間に変化が生じていることを示しており、バブル崩壊などを経て、住民の居住地選好に大きな変化があったことを示唆しているものと考えられる。

政策的インプリケーションとして、次の3点を提示することができた。
① 日本の総人口は既に減少に転じているが、人々は消費の多様性などを求めて、人口規模が大きく人口密度の高い地域に今後も集中して行くと考えられる。地方政府にはこれらの人口動向への対応が求められている。
② 近年の人口動向を観察すると、大都市の地方政府にとって、現在の居住者が郊外などに移動していかないよう行政サービスなどを充実させるような施策が有効である。
③ 消費者は、第3次産業シェアに象徴されるサービス経済化や消費の多様

性を選好していると考えられるため、こうした消費者の選好に沿った産業振興施策が大都市では効果的である。

第4章「社会資本と集積の経済の生産力効果評価と都市政策」では、大都市雇用圏（Metropolitan Employment Area）の 1980、85、90、95 年の 4 期のデータを利用して、パネル分析により生産関数を推定することにより、社会資本、都市規模、地域特化の生産力効果を産業別に明らかにした。

特に、社会資本については、産業基盤型、生活基盤型などの「事業別社会資本」や、道路（国道、有料道路、市町村道別）、空港・港湾、都市公園・自然公園・下水道などの「主要部門別社会資本」に区分して分析した。併せて都市の外部性としての「集積の経済」という視点から、都市化の経済の代理変数としての就業者規模と、地域特化の経済の代理変数としての地域特化係数について、その生産力効果を比較した。

その結果、次のような結論と政策的インプリケーションが得られた。

① 産業基盤型社会資本ストックに関して、製造業については正の生産力効果が確認されたが、その他の多くの産業については、パネル分析により都市圏ごとの個別効果に配慮したにもかかわらず、概ね生産力効果がないか、負の効果が示された。

　他方、生活基盤型社会資本ストックに関しては、運輸・通信業、サービス業について、すべての都市規模区分で有意な正の生産力効果が認められた。「道路（市町村道）」、「都市公園・自然公園・下水道」、「上水道」などの生活基盤型社会資本ストックが様々な産業に有意な生産力効果を与えていることが示された。

　中央・地方政府は、このような都市規模別、産業分類別の生産力効果の差異を認識し、産業基盤型と生活基盤型の配分、それらの地域間配分を調整し、限られた予算の中で公共投資をより効率化することが求められる。

② 都市規模（総就業者数規模）の正の生産力効果が確認できた。人口規模の上位・中位都市圏において生産力効果が明確に示された。特に、都市型産業である「卸売・小売業」、「金融・保険業」、「サービス業」において、

都市規模が生産性を高める要因になっていることが示された。よって、人口規模の大きな都市では、これらの産業に関する優位性を重視した政策が期待される。
③ 産業大分類による特化係数を用いて各産業の地域特化の生産力効果を推計したところ、卸売・小売業において正の効果が確認できた。他の産業では、概ね負の効果か、有意でないとの結果が得られた。したがって大都市における卸売・小売業を除けば、特定産業へ特化することは生産性の観点から必ずしも有利でないと考えられる。

第5章「産業別集積の経済の評価と都市政策―経済活動密度 vs. 都市規模―」では、生産関数の推定により都市の集積の経済を分析した。第4章が社会資本の生産力効果を中心に分析し、また、集積の経済について都市規模（全産業就業者規模）と地域特化（特化係数）の効果を検証したのに対し、本章では、集積の経済のうちの「経済活動密度（就業者密度）vs. 都市規模（常住人口規模）」に焦点を当てて分析し、コンパクトシティなどの都市政策上の諸施策との関連も含めて検討している。

1980、85、90、95年の4期の118大都市雇用圏のデータに基づき、パネル分析による生産関数推定を行ったところ、全体で見れば都市規模より経済活動密度の方が集積の経済として生産性に大きな影響を及ぼす要因であることが明らかになった。また、都市規模階層の高い大都市圏においては都市規模が、都市規模階層の低い都市圏においては経済活動密度が生産性を高める要因となっている。

分析から得られた政策的インプリケーションは次のとおりである。
① 都市規模よりも経済活動密度（全産業就業者密度）の方が集積の経済を説明する要因として支配的である。この結論は、密度の外部性が、規模の外部性より重要であるとした Ciccone & Hall（1996）の結論を支持している。
② 都市規模階層が上位の大都市圏においては、高い人口規模を維持することは、製造業、卸売・小売業、金融・保険業、サービス業における生産性

の維持・向上につながる。ただし製造業においては、製造業就業者密度を高めることも効果的である。
③　都市規模階層が下位の都市圏においては、製造業、金融・保険業、サービス業などの就業者密度を高めることは各産業の維持・向上につながる。
④　中小都市のマスタープランの目標として掲げられている「コンパクトシティ施策」は、都市規模階層が中位・下位に含まれる都市圏では経済活動密度を高めることが生産性の向上に寄与するという本章で得られた結果から支持される。

ただし、得られた政策的インプリケーションの内容に関しては、本書で採用した限られたモデルやデータの中で得られたものであるので、さらに多方面からの研究により検証することが必要であるといえる。

謝　辞

　本書の完成に至るまでに、多くの方々にお世話になったため、感謝を申し上げたい。

　本書のベースとなる博士学位論文の審査委員会委員を務めていただいた中京大学鈴木崇児先生、奥野信宏先生、山田光男先生からは数多くの貴重なご助言をいただきました。

　鈴木崇児先生には、博士後期課程入学以来、研究の方法、発表の機会の持ち方、論文の投稿方法などを含めて、懇切丁寧にご指導いただきました。

　奥野信宏先生には、名古屋大学博士前期課程でのご指導と併せて、一貫して経済学についてご教授いただきました。

　山田光男先生には、鈴木先生が在外研究されている間や、その後この論文の完成まで、特に、計量経済学の理論と手法を中心にご指導いただきました。

　第2章「賃金・地代の一般均衡モデルによる都市の環境評価と都市政策」については、応用地域学会第15回研究発表大会において岡山大学中村良平先生、東北大学佐々木公明先生、愛媛大学柏谷増男先生から、日本地域学会第39回年次大会研究報告において岡山大学松中亮治先生、岐阜聖徳学園大学伊藤薫先生から、2002年6月の名古屋大学地域科学セミナーにおいて名古屋大学黒田達朗先生、加藤尚史先生、佐藤泰裕先生から、2002年12月開催の計量分析研究会において椙山女学園大学木下宗七先生、名古屋大学根本二郎先生、京都学園大学尾崎タイヨ先生から、また、この外、名古屋大学多和田眞先生、名古屋工業大学秀島栄三先生始め多くの方から、コメント、ご助言をいただき、研究に反映させていただくことができました。

　第3章「人口移動関数の推定による都市環境の評価と都市政策」については、応用地域学会第16回研究発表大会において学習院大学川嶋辰彦先生、岐阜聖徳学園大学伊藤薫先生から、2002年12月の名古屋大学地域科学セミナー

において名古屋大学黒田達朗先生、佐藤泰裕先生から、経済地理学会中部支部2003年4月例会において名古屋大学林上先生、愛知教育大学阿部和俊先生から、日本人口学会第55回大会報告において日本女子大学大友篤先生、愛知淑徳大学坂井貞彦先生から、2004年2月開催の計量分析研究会において椙山女学園大学木下宗七先生、名古屋大学根本二郎先生、京都学園大学尾崎タイヨ先生から、貴重なコメント、ご助言をいただきました。

第4章「社会資本と集積の経済の生産力効果評価と都市政策」については、応用地域学会第18回研究発表大会において慶應義塾大学瀬古美喜先生、岡山大学中村良平先生、電力中央研究所大河原透先生から、2004年12月開催の計量分析研究会において椙山女学園大学木下宗七先生、名古屋大学根本二郎先生、京都学園大学尾崎タイヨ先生、山口大学朝日幸代先生から、2005年2月開催の名古屋私立大学水曜研究会において名古屋市立大学村瀬英彰先生、同松原聖先生から、2005年3月開催の名古屋大学地域科学セミナーにおいて名古屋大学黒田達朗先生、同加藤尚史先生、名城大学赤木博文先生から、ご指導をいただいた。

第5章「産業別集積の経済の評価と都市政策―経済活動密度 vs. 都市規模―」については、平成17年6月の名古屋地理学会において名古屋大学林上先生、愛知教育大学阿部和俊先生から、応用地域学会第19回研究発表大会において北九州市立大学井原健雄先生、同志社大学徳岡一幸先生、愛媛大学柏谷増男先生から、平成18年2月の経済地理学会中部支部において静岡大学西原純先生、大阪市立大学富田和暁先生から、平成18年2月の愛知大学経営学会主催「都市及び地域活性化に関する方向性」ワークショップにおいて愛知大学神頭広好先生、奈良県立大学小松原尚先生などから、有益なコメントをいただいた。

環境経済評価全般については、名城大学大野栄治先生からご教示いただきました。
さらに、名古屋大学博士前期課程で奥野信宏先生と共にご指導いただいた小

川光先生には、その後も一貫して研究についてご助言をいただき、感謝申し上げます。

　本書の出版にあたっては、(株) 大学教育出版の佐藤守氏、安田愛氏より、読みやすく使いやすいものにするための様々なご提案・ご指導をいただきました。

　最後に、このような研究活動を続けるだけの体力を育んでくれた今は亡き両親と、研究活動のための時間を生み出すことに協力してくれた妻と長女、長男の理解に、改めて感謝します。

2007年7月

大城　純男

都市の環境評価と都市政策

目　次

はじめに ……………………………………………………………… *1*

第1章　都市の環境評価 ………………………………………… *17*
  1.1　都市の環境評価の意義　*18*
  1.2　本書の構成　*19*
  1.3　都市と環境　*21*
    1.3.1　本書での環境の定義と類型　*21*
    1.3.2　都市における立地と環境　*21*
    1.3.3　都市の概念　*22*
  1.4　都市の環境評価手法の類型　*24*
    1.4.1　環境評価のための選好による区分　*24*
    1.4.2　経済評価と非経済評価の区分　*26*
    1.4.3　本書での評価方法　*26*

第2章　賃金・地代の一般均衡モデルによる都市の環境評価と都市政策 … *29*
  2.1　本章の目的と方法　*30*
    2.1.1　研究目的　*30*
    2.1.2　先行研究　*31*
    2.1.3　研究方法　*32*
  2.2　Roback の一般均衡モデル　*33*
    2.2.1　都市についての仮定　*33*
    2.2.2　家計の行動モデル　*34*
    2.2.3　企業の行動モデル　*35*
    2.2.4　均　衡　*35*
    2.2.5　アメニティ帰属価額の導出　*36*
  2.3　Roback モデルの理論的検討　*37*
  2.4　実証分析のためのアメニティ帰属価額推定式の導出　*39*
  2.5　実証分析　*40*
    2.5.1　分析対象　*40*

2.5.2　データおよびその加工　*41*

　　　2.5.3　推定結果　*43*

　2.6　結論と今後の課題　*48*

　　　2.6.1　結論と政策的インプリケーション　*48*

　　　2.6.2　今後の課題　*48*

　付録 2.1　労働・土地市場を含んだ 2 都市一般均衡モデルから Roback の開放小都市モデルの導出　*49*

　　　A.2.1.1　2 都市一般均衡モデル　*49*

　　　A.2.1.2　開放小都市モデル　*62*

　付録 2.2　単位費用関数の導出について　*67*

第 3 章　人口移動関数の推定による都市環境の評価と都市政策　……………… *73*

　3.1　本章の目的と方法　*74*

　　　3.1.1　研究目的　*74*

　　　3.1.2　先行研究　*74*

　　　3.1.3　研究方法　*75*

　3.2　人口動向統計に基づく人口再集中の実態　*76*

　　　3.2.1　大都市圏人口の動向　*76*

　　　3.2.2　大都市圏の中心都市人口の動向　*76*

　　　3.2.3　東京都内における地域別人口動向　*79*

　　　3.2.4　名古屋市を中心とした人口移動の動向　*81*

　3.3　実証分析　*81*

　　　3.3.1　モデル　*81*

　　　3.3.2　データの意味付けとその出典、加工　*83*

　　　3.3.3　人口移動関数の推定結果　*84*

　　　3.3.4　構造変化のチャウ・テストの結果　*86*

　3.4　結論と今後の課題　*87*

　　　3.4.1　結論　*87*

　　　3.4.2　政策的インプリケーション　*87*

　　　　3.4.3　今後の課題　*88*

第4章　社会資本と集積の経済の生産力効果評価と都市政策 ……………… *91*
　4.1　本章の目的と方法　*92*
　　　　4.1.1　研究目的　*92*
　　　　4.1.2　先行研究　*93*
　　　　4.1.3　研究方法　*95*
　4.2　実証分析　*96*
　　　　4.2.1　モデル　*96*
　　　　4.2.2　大都市雇用圏（MEA）とデータベース　*97*
　　　　4.2.3　推定方法　*98*
　　　　4.2.4　全産業などの概括的な生産関数の推定結果（全産業・製造業・非製造業/都市規模3区分別）　*100*
　　　　4.2.5　事業目的別社会資本データに基づく生産関数の推定結果（産業大分類別/都市規模3区分別）　*102*
　　　　4.2.6　部門別社会資本データに基づく生産関数の推定結果（産業大分類別）　*106*
　4.3　結論と今後の課題　*108*
　　　　4.3.1　推定結果の考察　*108*
　　　　4.3.2　結論と政策的インプリケーション　*112*
　　　　4.3.3　今後の課題　*113*

第5章　産業別集積の経済の評価と都市政策
　　　　―経済活動密度 vs. 都市規模― ……………………………… *117*
　5.1　本章の目的と方法　*118*
　　　　5.1.1　研究目的　*118*
　　　　5.1.2　先行研究　*119*
　　　　5.1.3　研究方法　*122*

5.2 実証分析　*122*
　　5.2.1 モデル　*122*
　　5.2.2 データ　*123*
　　5.2.3 推定方法　*125*
　　5.2.4 推定結果と解釈　*125*
5.3 結論と今後の課題　*132*
　　5.3.1 結論と政策的インプリケーション　*132*
　　5.3.2 今後の課題　*138*

第1章
都市の環境評価

[栄公園オアシス21と名古屋テレビ塔（名古屋市中区）]

1.1 都市の環境評価の意義

近年、アメニティや社会資本などの都市の環境に対する関心は、一層高まっている。すなわち、国や地方政府において、**都市再生事業**が重要施策の1つとなっており[1]、**首都機能移転問題**[2]、**産業クラスター整備**[3]、**中心市街地活性化**[4]、**公共投資**の地域間配分[5]、**都市マスタープラン**における**コンパクトシティ施策**[6]などの諸課題・諸潮流も、都市の環境、特に1.3で言及する「**社会的環境**」の評価と深い関わりがあり、多くの研究が求められている。

本書では、様々な**都市環境要素**のうち、人口規模・人口密度・就業者密度・社会資本・産業地域特化・所得・人的資本蓄積・就業機会・治安・公害などの

---

1) 都市再生特別措置法（平成14年4月5日法律第22号）は、「近年における急速な情報化、国際化、少子高齢化等の社会経済情勢変化」に対応した「都市機能の高度化及び都市の居住環境の向上」を図るため、基本方針等を定めるとともに、様々な措置を講じる、としている。
2) 国会等の移転に関する法律（平成4年法律第109号）前文は、「政治、経済、文化等の中枢機能が東京圏に過度に集中したことにより、人口の過密、地価の高騰、生活環境の悪化、大規模災害時における危機の増大等の問題が深刻化」しており、「一極集中を排除し、多極分散型の国土の形成」に資するため、「国会等の東京圏外への移転の具体的化」について積極的に検討を進める、としている。
3) Porter（1998）では、クラスターとは「ある特定の分野に属し、相互に関連した企業と機関からなる地理的に近接した集団である。集団の結びつきは、共通点と補完性にある」とされている。石倉洋子ほか（2003）、山崎朗ほか（2002）など参照。
4) 平成10年7月に「中心市街地における市街地の整備改善及び商業等の活性化の一体的推進に関する法律（略称：中心市街地整備改善活性化法）」が施行され、ハード・ソフトにわたる各種施策が行われている。
5) この問題に関する研究等は、第4章の参考文献を参照。
6) 海道清信（2001）では、その第6章第1節で、「コンパクトシティの原則と特性」について言及し、基本的な特性として、①高い居住と就業などの密度、②複合的な土地利用の生活圏、③自動車だけに依存しない交通、④多様な居住者と多様な空間、⑤歴史や文化などの独自な地域空間、⑥明確な境界、⑦社会的な公平さ、⑧日常生活の自足性、⑨地域運営の自立性、を上げている。

「社会的環境」の経済評価を中心に分析する。

　計量分析の結果、例えば都市の集積の経済の効果の1つとして、人口密度や就業者密度の上昇が消費者の効用を高め、企業の生産性を向上させる生産力効果を有していることが明らかになれば、都市の地方政府にとってこれらの密度を上昇させるという意味で都市再生事業やコンパクトシティ施策などが効果的な都市政策として支持され、他方で人口密度や就業者密度を下降させる首都機能移転などの施策は効率的でないこととなる。また、社会資本ストックが企業の生産性を向上させる社会資本の生産力効果について、地方よりも都市部の方が効果が高いという結果が得られれば、日本全体の総生産を増加させるためには、地方よりも都市部に社会資本整備を集中的に配分させることが効率的であるというインプリケーションが得られることとなる。

　このように、本書では第2章から第5章において、計量経済学による分析の結果得られた都市の環境評価から導き出されるインプリケーションとして中央政府・地方政府が採用すべき都市政策を提示することにより、これらの環境評価手法が有効であることを示す。

1.2　本書の構成

　本書では、第1章「都市の環境評価」において、都市の環境評価について、都市の環境評価の意義、環境の定義と類型、都市の概念、環境評価手法の類型などを説明し、本書で採用する評価方法などを示す。

　第2章「賃金・地代の一般均衡モデルによる都市の環境評価と都市政策」では、まず消費者と企業のそれぞれの最適化行動を組み入れた新古典派モデルであるRoback（1982）モデルを提示し、地域間の住民の効用均等化を仮定した比較静学による理論分析を行う。次に実証分析として、都市の各環境要素の帰属価額を推計し、これらを都市ごとに合計した都市のアメニティ総合評価額を

導出して、その時系列変化などを観察することにより、都市政府の環境都市政策についてのインプリケーションを示す。

第3章「人口移動関数の推定による都市環境の評価と都市政策」では、人口動向調査により日本の大都市を中心とした人口移動の実態を分析する。次に、継続的に観察される毎期の人口移動を前提にしながら、人口移動関数を推定することにより人口成長の要因を計量分析し、日本の大都市のとるべき都市政策を示す。

第4章「社会資本と集積の経済の生産力効果評価と都市政策」および第5章「産業別集積の経済の評価と都市政策—経済活動密度 vs. 都市規模—」では、大都市雇用圏（Metropolitan Employment Area）のデータを利用して、生産関数を推定することにより、都市の環境要素が生産性に与える影響を計量分析する。

まず第4章では、社会資本を中心に、都市規模、地域特化の生産力効果を産業別に明らかにする。特に、社会資本については、産業基盤型、生活基盤型などの「事業別社会資本」や、道路（国道、有料道路、市町村道別）、空港・港湾、都市公園・自然公園・下水道などの「主要部門別社会資本」に区分して分析する。また、都市の外部性としての「集積の経済」という視点から都市化の経済の代理変数としての就業者規模と、地域特化の経済の代理変数としての地域特化係数について、その生産力効果を比較し、中央政府・地方政府としての政策的インプリケーションを提示する。

次に第5章では、集積の経済のうち経済活動密度（就業者密度）と都市規模（常住人口規模）の生産力効果に焦点を当てて生産関数の推定による計量分析を行い、都市再生事業やコンパクトシティ施策などの諸施策との関連も含めて、地方政府にとっての今後の都市政策のあり方を示す。

1.3 都市と環境

1.3.1 本書での環境の定義と類型

環境とは、「人間をとりまき、それと相互作用を及ぼしあうところの外界」であり、人類の生存・生活の条件を形成しているものである（植田（1996））。したがって、いわゆる狭義の「**自然的環境**」だけでなく、「**人工化された自然**」や「**社会的環境**」を含むものである[7]。本書においては、気候・植生などの「自然環境」よりも、様々な「社会的環境」を主な対象として、その評価を行う。

「社会的環境」要素とは、ポジティブには都市の集積の経済を、ネガティブには混雑の不経済などを生み出す「人口密度」、都市システムにおける都市の階層性などを反映する「人口規模」、道路・下水道などのいわゆるインフラに代表される「社会資本」、生産性などが大きく反映される「所得」、新古典派成長論でも強調されている「人的資本蓄積」、安定的な生活に欠かせない「就業機会」、最近特に住民の関心が高まっている「治安」、健康で快適な居住に大きな影響を与える「公害」などである。

1.3.2 都市における立地と環境

都市の環境を論ずる場合、立地に関連して2つの環境概念が想定される。1つは、「**都市固有の環境**」（city-specific environment：その都市が地理的にどこにあるかといった都市そのものの位置に依存して決まってくるもの）であり、もう1つは、「**立地点固有の環境**」（location-specific environment：その

---

[7] Krugman（1993）は、自然を二つに区分し、天然資源の不均一な分布を「**第1の自然（first nature）**」、都市人口の分布や交通ネットワークの形成などを「**第2の自然（second nature）**」と名づけている。本書での社会的環境とは、概ね、この second nature と同義である。

都市内の立地点によって異なってくるもの）である（中村・田淵（1996））[8]。前者は、「都市際的な」(inter-city) 概念であり、後者は「都市内的な」(intra-city) 概念である。

本書では、都市を単位とした複数期にわたるデータに基づき環境評価を行ない、その結果から政策的なインプリケーションを導いており、第2章から第5章までの分析はすべて、都市固有の環境を分析している。

1.3.3 都市の概念

研究対象となる都市の概念については、様々な定義が存在する。(1)行政区域としての「市」、(2)国勢調査で定義された「**大都市圏**」・「**都市圏**」[9]、(3)金本・徳岡（2002）で定義された「**大都市雇用圏**」・「**小都市雇用圏**」[10]、(4)行政区域を集計した「**東京圏**」（東京都・神奈川県・千葉県・埼玉県）、「**大阪圏**」（大阪府・兵庫県・京都府・奈良県）、「**名古屋圏**」（愛知県・岐阜県・三重県）などである。

(1)は行政のために人為的に区画された都市、(4)はそれらを集計した都市、(2)、(3)は通勤・通学に着目した実質的な経済活動単位としての都市、ということができる。

---

8) 中村・田淵（1996）では、都市のアメニティについてこのような分類を行っているが、都市の環境についても、同様に分類ができるものと考えられる。また、本書第3章ではRoback（1982）に従い「アメニティ」を論じている。アメニティとは、環境について住民（本書では企業も含む）にとっての「住み心地のよさ」や「快適な居住環境」を強調したものであるが、本書の分析では「環境」と同義と解して差し支えない。

9) 国勢調査では、中心都市への流出通勤・通学者の常住人口に占める割合が1.5%以上の市町村を郊外とし、中心都市が「東京都特別区部及び政令指定都市」の場合を「大都市圏」、「大都市圏に属さない50万人以上の市」の場合を「都市圏」と呼ぶこととされている。

10) 金本・徳岡（2002）では、中心都市への通勤率が10%以上の市町村を郊外市町村とし、「中心市町村のDID人口が5万人以上」の場合を「大都市雇用圏 (Metropolitan Employment Area)」、「中心市町村のDID人口が1万人以上5万人未満」の場合を「小都市雇用圏 (Micropolitan Employment Area)」と、定義している。**DID (Densely Inhabited District：人口集中地区)** とは、人口密度が1km^{2}当たり4千人以上の調査区が隣接して、調査時に人口5千人以上を有する地区のことである。

本書においては、第2章、第3章では、(1)の行政区域である「市」を都市の単位として分析を行い、第4章、第5章では、(3)の「大都市雇用圏 (Metropolitan Employment Area：MEA)」の概念に基づき分析する。

第2章、第3章において(1)を採用する積極的な理由として次の2点を挙げることができる。

① 行政区域としての「市」では、Tiebout (1956) で示されている**地域公共財** (local public goods) が、単一の基礎的地方政府のもとで提供されているため、都市内での同質な社会的環境を想定し、住民・企業の選好の対象として**「足による投票」**として立地選択を行うとの仮定のもとで、研究対象としての都市概念として正当化されること。

② 様々な環境指標が、あまりにも広域を対象にしたものでは、地域指標 (local indicator) としての意味が失われてしまうこと。

第4章、第5章で(3)を採用する理由として次の2点を挙げることができる。

① 生産関数の推定による分析を行っているため、生産上の単位として都市を定義する必要があり、諸環境要素の行政区域を越えた**スピルオーバー** (spillover) などを考慮すると、通勤の実態を考慮した都市圏を、実質的な単位都市として分析対象とすることが望ましいこと。

② (4)などと比較すると、典型的な農山村地域などが含まれていないため、都市的生産についての的確な分析を行うことができること[11]。

---

11) 名古屋市を中心とした都市圏を例にして、各定義に従って総面積を比較すると、(1)の「名古屋市」は 326.45 km² [2006年]、(2)の「中京大都市圏」は 6,380.31 km² [2000年]、(3)の「名古屋都市圏」は 2,483.42 km² [1998年]、(4)の「名古屋圏」(愛知県、岐阜県、三重県を集計) は 21,530.42 km² [2000年] である。

1.4 都市の環境評価手法の類型

　一般的に、環境財は市場の存在しない財であり、市場価格を持たない。このため、その環境が生み出している価値評価については、何らかの手法による推計が必要となる。それを3つの視点から類型化すると次のようになる。

1.4.1 環境評価のための選好による区分
　分析の対象となるデータの種類による評価方法の区分は次のようである。

(a)　**顕示選好法**（revealed preference：「RP 法」）
　　個人・企業の行動の結果から選好を分析する方法である。
　　例えば、便益の土地への**キャピタリゼーション**（capitalization）という仮説[12]に基づく「**ヘドニック価格法**」(hedonic price method)、**補償賃金仮説（補償賃金差異）**[13]に基づく「**ヘドニック賃金法**」(hedonic wage method) などの**ヘドニック・アプローチ**[14]、「旅行費用法［事後評価］」

---

12) 非市場財である環境の価値が、市場で評価される財やサービスの価値、特に土地や住宅などの資産価格に反映される（資本化される）という考え方（中村・田渕 (1996)）。
13) 環境が悪い場合はその差を埋め合わせるために賃金が高くなるという仮説（赤井・大竹 (1995)）。
14) 太田誠 (1994) によれば、1928年にハーバード大学で農業経済学を教えていた Waugh によって、卸売市場での野菜の価格の品質の関係を明らかにするために、初めてヘドニック研究がなされた。しかし、ヘドニックという言葉は彼ではなく、Automobile Manufactures Association の Court が1939年に発表した論文の中で用いたのが初出である。Court は、財の様々な特性が Hedonic Pleasure をもたらすということから、このアプローチをヘドニック・アプローチと命名した（肥田野 (1997)）。
　一般的にヘドニック・アプローチといえば、「ヘドニック価格法」を指す。また、ヘドニック・アプローチについての利用上の注意点は、金本ほか (1989)、肥田野 (1997) などにおいて詳細に述べられている。

(travel cost method)[15)] などが、これにあたる。第2章および第3章での評価方法は、顕示選好法である。また、第4章および第5章では生産関数の推定により生産性への各環境の弾性値を求め、比較することにより環境を評価しており、これも広義の顕示選好法の1つである。

(b) **表明選好法**（stated preference：「SP法」）

アンケートなどによって個人・企業の選好を直接的に尋ねる方法である。例えば、「CVM」(contingent valuation method)[16)]、「旅行費用法［事前評価］」(travel cost method)、「コンジョイント分析」(conjoint analysis)[17)] などであるが、本書では採用していない。

RP法とSP法を比較すると、SP法はアンケートによって個人・企業の選好を直接たずねるので、任意の環境属性を評価できるが、その反面、聞き方によって結果が異なるというバイアス問題が生じる可能性があるため、評価結果に対する信頼性は必ずしも高くないという短所を持っている。RP法は、個人・企業の行動結果から選好を分析する方法であるため、信頼性が高いという長所を持つが、顕示されない環境属性は評価することができないという短所を

---

15) 旅行費用法は、「評価の対象となる非市場財と密接に関係する私的財の市場（代理市場）を見つけることができれば、その代理市場における消費者余剰の変化分がその非市場財の変化の評価値を示している」という弱補完性理論（weak complementarity theory）に基づき、環境財の代理市場としてそれを消費するために派生する交通の市場に着目し、その市場における消費者余剰で財の価値を推計しようとする方法である（Maler (1974)（大野 (2000))。
16) CVMは、**等価余剰**（equivalent surplus：ES）あるいは**補償余剰**（compensating surplus：CS）の定義に基づき、直接的に環境変化に対する**支払意思額**（willingness to pay：WTP）あるいは**受取補償額**（willing to accept compensation：WTA）をたずねる方法である（大野 (2000))。
17) コンジョイント分析は、もともと計量心理学（psychometrics）や市場調査（marketing research）の分野で発達してきた手法である。プロファイル（profile）と呼ばれるカードを用いて評価を行い、評価対象の価値を属性単位で評価できることが、最大の特徴である（大野 (2000))。

持つ[18]。本書では、第2章から第5章までのすべての分析においてRP法を採用している。

1.4.2　経済評価と非経済評価の区分

一般に環境評価を行う場合、次の2つの方法があるが、本書では、すべて(a)によっている。

(a)　**経済評価**

経済学的なモデルを基礎にした評価である。

貨幣単位による価値を求める方法と、貨幣単位以外の評価方法がある。本書では、第2章が前者、第3章（人口純移動）および第4章・第5章（生産性に対する弾性値）が後者の方法によっている。

貨幣単位による評価である場合は、複数の政策間での予算配分などを議論するとき、政策間の代替性などを、貨幣価値という共通の単位で比較が可能であるという優位性がある。

(b)　**非経済評価**

社会学的な環境指標などによる非経済評価の方法である。

例えば、旧経済企画庁が毎年発表していた「新国民生活指標」(PLI：People's Life Indicator)や、地方公共団体が作成している「社会指標」と呼ばれるものなどである。本書では採用していない。

1.4.3　本書での評価方法

本書では、**第2章**において、消費者と企業の行動を組み込んだ新古典派モデルとしてのRobcak(1982)の理論モデルを示した後、実証分析として日本の13大都市についてのアメニティ評価を行う。これは貨幣単位に基づく経済環境評価であり、手法の位置づけとしては、ヘドニック価格法とヘドニック賃金法を統合した広義のヘドニック・アプローチに属する顕示選好法による経済評

---

18)　大野(2000)参照。

価である。ここでは、比較静学による分析を採用する。具体的には多都市間の一般均衡モデルを基礎に、計量経済学の手法により都市環境の価値を推計する。

　第3章では人口移動関数の推定に基づき人口成長の要因を分析する。人口移動は住民による顕示選好であり、非貨幣単位的ではあるが経済評価として位置付けられる。

　第4章、第5章では、労働生産性を被説明変数とし、都市の社会的環境要素を説明変数とした生産関数を推定することにより、生産性に対する各環境要素の弾性値を推計し、生産性への寄与を比較することにより都市環境を評価した。これも顕示選好法による非貨幣単位的な経済評価の1つといえる。特に第4章では、環境要素として社会資本を中心に、都市規模、地域特化係数などを説明変数として生産関数を推定した。これに対し第5章では、環境要素として経済活動密度、都市規模、社会資本などを説明変数に採用し、特に「経済活動密度 vs. 都市規模」に焦点を当てて分析した。

参考文献

Krugman, P. R. (1993): "First nature, second nature, and metropolitan location," *Journal of Regional Science*, 33, 129-144.

Maler, K. G. (1974): *Environmental Economics: A Theoretical Inquiry*, Johns Hopkins University Press for Resources for the Future.

Mills, Edwin S., and Hamilton, Bruce W. (1994): *Urban Economics, fifth edition*, Harper Collins College Publisher.

Porter, Michael, E. (1998): *On Competition*, Harvard Business School Press、日本語訳、竹内弘高 (1999)、『競争戦略論』I、II、ダイヤモンド社。

Rosen, Sherwin (1974): "Hedonic Prices and Implicit Markets: Product Differentiation in Pure Competition," *Journal of Political Economy*, Vol.82, No.1, 1982, 34-55.

Rosen, herwin (1979): "Wage-based Indexes of Urban Quality of life," *Current Issues in Urban Economics*.

Tiebout, C. M. (1956): "A Pure Theory of Local Expenditure," *Journal of Political Economy*, 64, 416-424.

青山吉隆・中川大・松中亮治（2003）:『都市アメニティの経済学』、学芸出版社。
赤井伸郎・大竹文雄（1995）:「地域間環境格差の実証分析」、『日本経済研究』、No.30, 94-137。

石倉洋子、藤田昌久、前田昇、金井一頼、山崎朗著（2003）：『日本の産業クラスター戦略～地域における競争優位の確立』、有斐閣。

植田和弘（1996）：『環境経済学』、岩波書店。

太田誠（1994）：「ヘドニック・アプローチの考え方と経済学的意義」、『ヘドニック・アプローチによる便益計測手法』、土木学会、1-15。

大城純男（2000）：「なぜ人々は再び都市に住み始めたか（発表要旨）」、『経済地理学年報』、経済地理学会、第46巻、第2号、P.138。

大城純男（2002）：「日本における都市属性の帰属価額推計と都市選好の推移」、Institute of Economics, Chukyo University, Discussion Paper, No.204。

大城純男（2003a）：「日本における再都市化の諸要因分析～13大都市の『都心回帰』を中心に～（発表要旨）」、『経済地理学年報』、経済地理学会、第49巻、第3号、65-66。

大城純男（2003b）：「日本の大都市における人口再集中の分析」、『人口学研究』、日本人口学会、第33号、117-120。

大城純男（2003c）：「一般均衡モデルによる日本の大都市のアメニティ評価」、『地域学研究』、日本地域学会、第33巻、第1号、305-315。

大城純男（2004）：「日本の大都市における人口移動の構造変化と都市政策」、Institute of Economics, Chukyo University, Discussion Paper, No.309。

大城純男（2005）：「日本の大都市雇用圏（MEA）における集積の経済と社会資本の生産力効果」、『応用地域学研究』、第10号、55-66。

大友篤（1997）：『地域分析入門』改訂版、東洋経済新報社。

大野栄治編著（2000）：『環境経済評価の実務』、勁草書房。

海道清信（2001）：『コンパクトシティ―持続可能な社会の都市像を求めて―』、学芸出版社。

金本良嗣・中村良平・矢澤則彦（1989）：「ヘドニック・アプローチによる環境の価値の測定」、『環境科学会誌』、2(4)、251-266。

金本良嗣（1997）：『都市経済学』、東洋経済新報社。

金本良嗣・徳岡一幸（2002）：「日本の都市圏設定基準」、『応用地域学研究』第7号、1-15。

佐々木公明・文世一（2000）：『都市経済学の基礎』、有斐閣。

中村良平・田淵隆俊（1996）：『都市と地域の経済学』、有斐閣。

八田達夫（2006）：「都市回帰の経済学」、『都心回帰の経済学』、八田達夫編、日本経済新聞社、1-23。

肥田野登（1997）：『環境と社会資本の経済評価』、勁草書房。

宮尾尊弘（1985）：『現代都市経済学』、日本評論社。

宮本憲一（1989）：『環境経済学』、岩波書店。

山崎朗編（2002）：『クラスター戦略』、有斐閣。

山田浩之・徳岡一幸（1984）：「戦後の日本における都市化の分析」、『地域学研究』、第14巻、199-184。

第 2 章
賃金・地代の一般均衡モデルによる都市の環境評価と都市政策

［ローマのスペイン広場（イタリア）］

2.1 本章の目的と方法

2.1.1 研究目的

　概ね1990年代後半以降、日本の大都市において人口再集中が観察されており、「都心回帰」または「都市回帰」という呼称で注目を集めている[1]。この人口再集中は、バブル崩壊以降の地価下落などの経済的環境の変化や、それらの変化に伴う住民の都市居住に対する選好や企業の大都市への本支店の集約化などの立地選好の顕在化によって生じていると言われている[2]。

　住民や企業は、様々な環境要素の中で各々の地域に固有な環境要素、すなわち**アメニティ**[3]と呼ばれる諸要素を地域ごとに評価・比較することで、その住居や事業所の立地場所を意思決定していると考えられる。本章では、都市における家計と企業の立地行動を一般均衡体系に整合的に組み合わせたRoback (1982) のモデルを基礎とした実証分析により、日本の大都市についてのアメニティ評価を帰属価額として3期にわたって推計する。それらの推計結果に基づきアメニティ要素間の相対的な評価、および都市間の総合的なアメニティ評価を比較検討することで日本の大都市におけるアメニティ評価の趨勢を読み取り、地方・中央政府の都市政策立案に資するインプリケーションを示す。

---

1) 八田（2006）、大城（2003）参照。
2) 山崎・浅目（2003）、八田（2006）、大城（2003）参照。
3) 本章では、Roback (1982) に従って、都市の環境について「アメニティ」という呼称を用いているが、第1章で言及した「環境」と同義と解して差し支えない。一般にアメニティとは、「住み心地のよさ」、「快適な居住環境」を構成する複合的な要因の総称である（宮本憲一（1989））。それは、「自然環境に関するアメニティ」と「社会環境に関するアメニティ」とから構成されている（中村・田渕（1996））。本章では、家計にとっての居住環境だけでなく、企業の生産性から見た環境も広義のアメニティに含め、分析を行っている。実証分析の対象とした8つのアメニティ指標のうち、「暖房デグリーデー」だけが「自然環境に関するアメニティ」指標に属し、他は「社会環境に関するアメニティ」指標である。

2.1.2　先行研究

　Roback (1982) の理論モデルは、ヘドニック・アプローチの理論的基礎を示した Rosen (1974)、および補償賃金仮説のモデルの1つを提起した Rosen (1979) を統合し、家計と企業の立地行動を整合的に記述し得る一般均衡体系の枠組みのもとで都市のアメニティを評価すべく構築されている。すなわち、市場による都市アメニティの評価を推計するモデルである。この本章の理論的背景を保証するモデルについては 2.2 で詳細に説明する。Roback (1982) ではこの理論モデルにより、アメニティの価値が賃金と地代の双方に反映されることを証明することができたと結論付けている。併せて、アメリカの98都市についての「**生活の質**」(Quality of Life) を実証分析として推計しており、この実証分析により、地代だけでなく賃金の差異についても、その多くがアメニティによって説明できたと結論している。

　一般的に、都市に固有な環境要素を表す用語は必ずしも統一されておらず、下記に示す先行研究についても様々に異なるものの、いずれも Roback (1982) に基礎をおく研究であり、それらの用語は本書で用いるアメニティと同義であると考えてよい。

　Blomquist et al. (1988) は、アメリカを対象とした Roback (1982) モデルに基づく実証研究であり、アメリカの253郡についての1980年時点での QOLI (Quality of Life Index) を推計し、人口成長率との相関関係を分析し、両者の相関係数が高くないとの結論を示している。

　Roback (1982) に基づく日本の都市のアメニティ評価に関する研究として、加藤 (1990)、赤井・大竹 (1995)、Tabuchi & Yoshida (2000) などがある。

　加藤 (1990) は、Roback (1982) に基づく日本で初めての研究であり、基本的に Roback (1982) と同じ手法で、1985年の日本の336都市に関する都市生活の質について、1位東京区部、2位大阪市、3位名古屋市のような政令指定都市などの大都市を上位に、地方の中小都市などを下位に位置づけている。

　赤井・大竹 (1995) は賃金構造基本調査の個票データなどを用いて1984年の日本の189都市についてのアメニティを評価している。その結果、火災、人

口密度や寿命が各都市のアメニティ評価に大きな影響を与えていることを示している。また、都市ごとのアメニティ評価の順位については、大都市よりも、米子市、弘前市といった地方中堅都市の環境が高いとの結果を得ている。

Tabuchi & Yoshida（2000）は標準大都市雇用圏（SMEA）[4]のデータに基づき1992年における日本の都市について集積の経済の効果を生産側と消費側に分離して分析している。弾力性を分析した結果、人口が2倍になると生産側では生産性の上昇が10%、消費側では消費の多様性などの消費上の利便性の向上が実質賃金に換算して7～12%に相当することを示している。

2.1.3 研究方法

本章における分析においても上述の先行研究と同じくRoback（1982）を基礎とし、都市のアメニティ評価を帰属価額の推計により分析する。

分析の対象都市は東京都区部・12政令指定都市とし、対象期間は第1期（1988・1990年）、第2期（1993・1995年）、第3期（1998・2000年）の3期とする。

先行研究と比較した特徴として以下の3点が挙げられる。

① 先行研究がすべて単一期だけの分析であったのに対して、3期にわたるアメニティ帰属価額を推計し、すべての期を2000年価格にデフレートして、その推移を観察している（2000年＝100）。

② アメニティ要素ごとの評価の変化を観察し、アメニティ要素間の相対的評価の変化の傾向を分析している。また政策的な観点から、各都市のアメニティ要素ごとの評価の変化に基づき、その都市において重点的に改善すべきアメニティ要素を示している。

③ 計量分析において、賃金データを消費者物価地域差指数（家賃を除く。全国平均＝100）により調整することにより、各地域の家計の実質的な予算制約に基づいて分析している。また、変数ごとの変動幅を調整するた

---

[4] 山田・徳岡（1991）のSMEA（Standard Metropolitan Employment Areas）。都市圏の定義の1つ。

め、説明変数を標準化することにより、バイアスを軽減してアメニティ評価を分析している。

2.2 Roback の一般均衡モデル

本章での分析に用いるモデルを Roback（1982）に基づき説明する。なお、より一般的な労働市場、土地市場および合成財市場からなる 2 都市モデルの定式化と Roback 型の開放小都市モデルへの拡張についての詳細は付録 2.1 に示した。

2.2.1 都市についての仮定
都市について以下の 6 つの仮定をおく。
① 多数の都市が存在する。
② 各都市には**合成財市場、土地市場、労働市場**が存在する。
③ 全都市の総労働者数は一定とする。
④ 労働者の都市間住居移動は自由であり、住居移動にコストはかからない（**開放都市の仮定**）。
⑤ 労働者は居住している都市の企業で就業する（**職住一致の仮定**）。
⑥ 各都市の労働者は合成財を消費し、企業は合成財を生産する。合成財は都市間で移出入が可能であり、輸送費がかからないため、その価格は全都市で同一である。この合成財をニュメレール財とする。
⑦ 同一の都市内でのアメニティは、その位置に関わらず一定であり、アメニティ指標値 s は、$[S_1, S_2]$ の間で連続的である（$S_1<S_2$）。
⑧ 都市は多数存在するため、1 都市での効用水準の変化は全都市の均衡効用水準に影響しない（**小都市の仮定**）。

2.2.2　家計の行動モデル

家計（労働者）の行動については次の2つの仮定の下でモデル化する。
① 1家計は1労働者からなり、1住宅に居住している。
② 労働者は同一の嗜好と技能を持っており、それぞれ1単位の労働を都市の企業に供給する。

労働者は (2.1) に示すように、予算制約の下で効用を最大化するように行動する[5]。

$$\max_{x,\,l^c} U(x, l^c; s) \quad s.t. \quad w = x + l^c r \tag{2.1}$$

x：合成財の消費量、l^c：住宅用土地、s：アメニティ、
w：賃金、r：地代

ここで、$U(x, l^c; s)$ は**直接効用関数**であり、

$$\frac{\partial U}{\partial x} > 0, \quad \frac{\partial^2 U}{\partial x^2} < 0 \ for\ x > 0, \quad \frac{\partial U}{\partial l^c} > 0, \quad \frac{\partial^2 U}{\partial l^{c2}} < 0 \ for\ l^c > 0$$

アメニティ s については連続で微分可能であるとする。また、任意のアメニティ水準について $U(x, l^c; s) \leq U(x', l^{c'}; s)$ を満たす任意の (x, l^c), $(x', l^{c'})$ と $0 < t < 1$ に対して $U(x, l^c; s) \leq U(tx + (1-t)x', tl^c + (1-t)l^{c'}; s)$ を満たすと仮定する。

最適化行動の結果、アメニティ s に対応する最適な合成財と住宅用土地の消費量が得られ、それらを直接効用関数に代入することによって**間接効用関数**が得られる[6]。

$$V = V(w, r; s) \tag{2.2}$$

---

5) 地代は、不在地主の収入になるものとし、労働者の所得には影響しないものとする。
6) 間接効用関数の導出については、付録2.1参照。

2.2.3 企業の行動モデル

　各都市には唯一の代表的企業が存在するものの、長期では参入退出が自由な市場競争条件下にあると仮定する。

　企業は（2.3）に示すように、アメニティsの下で労働者Nと企業用土地l^pを生産要素として合成財をXだけ生産する[7]。

$$X = f(l^p, N; s) \tag{2.3}$$

　　s：アメニティ、N：労働者、l^p：企業用地、
　　X：合成財の産出量

ここで、$f(l^p, N; s)$は生産関数を表し、

$$\frac{\partial X}{\partial N} > 0 \; for \; N > 0, \quad \frac{\partial X}{\partial l^p} > 0 \; for \; l^p > 0$$

規模に関して収穫一定（1次同次）で、アメニティについては連続で微分可能であると仮定する。

2.2.4　均　衡

　家計は住居移動が自由であり、移住コストがゼロであるため、均衡状態では、すべての都市での家計の効用が等しくなる。この効用水準をk（定数）とする。

$$V(w, r; s) = k \tag{2.4}$$

　一方、企業は地域独占状態にあるものの長期的には参入退出の自由な市場競争にさらされており、長期均衡下では潜在的な新規参入者を阻止するため利潤

---

7) 本モデルでは資本は関数から除外する。

をゼロとする必要があり、規模に関する収穫一定の仮定から賃金、地代の要素価格は限界価値に一致する。また、企業の生産関数は1次同次であるため、付録2-2に示したとおり**単位費用関数**を導出でき、ゼロ利潤条件から単位費用は合成財価格に一致する。合成財はニュメレール財であるため、単位費用関数について完全競争下の均衡状態では（2.5）が成立する。

$$C(w, r; s) = 1 \qquad (2.5)$$

2.2.5 アメニティ帰属価額の導出

（2.4）と（2.5）を全微分した連立方程式を dw/ds、dr/ds について解くと（2.6）が導出される。

$$\begin{aligned}
&dw/ds = (-V_s C_r + V_r C_s)/\Delta \\
&dr/ds = (-V_w C_r + V_s C_w)/\Delta \\
&\text{ただし} \quad \Delta = V_w C_r - V_r C_w = L(s) V_w / X \\
&L(s) = l^p + N l^c
\end{aligned} \qquad (2.6)$$

ここで、$L(s)$ は、アメニティ s の当該都市で利用できる土地の総量である。

さらに、P_s を、アメニティの変化により増減した効用を補償するために必要な賃金の変化（賃金で換算したアメニティの限界的な価値）とすれば、**ロワの恒等式**を用いて、次式を導くことができる[8]。

$$P_s \equiv V_s / V_w = l^c (dr/ds) - dw/ds \qquad (2.7)$$

（2.7）の最右辺の第1項はアメニティの差が地代に反映しているという意味で「**土地の資本化理論**」を、第2項はアメニティの差を賃金が補償しているという意味で「**補償賃金格差（均等化差異）理論**」を表していることが分かる。

---

8) （2.4）を全微分して、V_s について解き、V_s/V_w を変形して、ロワの恒等式（$l^c = -V_r/V_w$）を代入すると（2.7）が得られる。

2.3 Roback モデルの理論的検討

アメニティ s を生産性に対して、中立的、生産的、非生産的な場合の3つに分類すると、(2.6) の dw/ds、dr/ds の符号は表2-1のように整理できる。

ただし、

$$\Delta = V_w C_r - V_r C_w = L(s)V_w/X > 0$$
《符号》　＋　＋＋

表2-1の関係を、グラフで示したのが図2-1-1および図2-1-2である。

右下がりの曲線が**要素価格フロンティア**、右上がりの曲線が間接効用関数を表しており、両者の交点が、特定のアメニティ水準の下での均衡状態の賃金 w^* と地代 r^* を示している。

表2-1および図2-1-1、2-1-2で示されている関係は以下の3点に要約できる。

① アメニティ s が生産性に中立なときには、アメニティの上昇は、地代 r の上昇と賃金 w の低下をもたらす。

② アメニティ s が生産的であるときは、アメニティの上昇は、地代 r の上昇をもたらすが、賃金 w については、効用への影響と生産性への影響の大きさによって上昇するか低下するかが決まる。

③ アメニティ s が非生産的であるときは、アメニティの上昇は、賃金 w の低下をもたらすが、地代 r については、効用への影響と生産性への影響の大きさによって上昇するか低下するかが決まる。

企業行動を組み入れた本モデルでは、アメニティの変化による賃金・地代への影響は正負いずれの場合もあり、一意的には定まらない。このことは、実証分析の結果の解釈において、賃金・地代の変化のパターンだけでは各経済主体へのアメニティ変化の影響を必ずしも特定できないことを示している。

表 2-1 アメニティの変化による賃金・地代の変化

① アメニティが生産性に中立的なとき $C_s=0$	$dw/ds=(1/\Delta)(-V_sC_r+C_sV_r)<0$ 《符号》 $+\ \{-(++)+(0\cdot-)\}$	
	$dr/ds=(1/\Delta)(-V_wC_s+V_sC_w)>0$ 《符号》 $+\ \{-(+\cdot 0)+(++)\}$	
② アメニティが生産的なとき、 $C_s<0$	$dw/ds=(1/\Delta)(-V_sC_r+C_sV_r)>=<0$ 《符号》 $+\ \{-(++)+(--)\}$	
	$dr/ds=(1/\Delta)(-V_wC_s+V_sC_w)>0$ 《符号》 $+\ \{-(+-)+(++)\}$	
③ アメニティが非生産的なとき、 $C_s>0$	$dw/ds=(1/\Delta)(-V_sC_r+C_sV_r)<0$ 《符号》 $+\ \{-(++)+(+-)\}$	
	$dr/ds=(1/\Delta)(-V_wC_s+V_sC_w)>=<0$ 《符号》 $+\ \{-(++)+(++)\}$	

① $C_s=0$ のとき

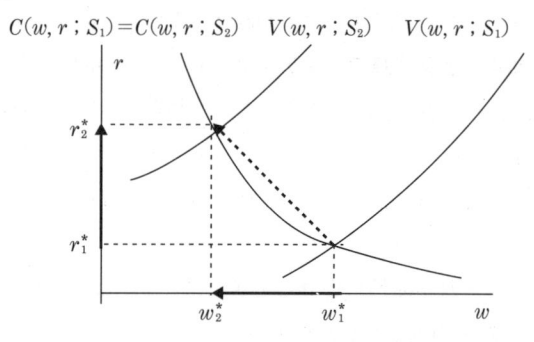

$C(w,r;S_1)=C(w,r;S_2)$ $V(w,r;S_2)$ $V(w,r;S_1)$

② $C_s<0$ のとき

1) C_s の影響が大きいとき

$C(w,r;S_1)$ $C(w,r;S_2)$ $V(w,r;S_2)$
$V(w,r;S_1)$

2) V_s の影響が大きいとき

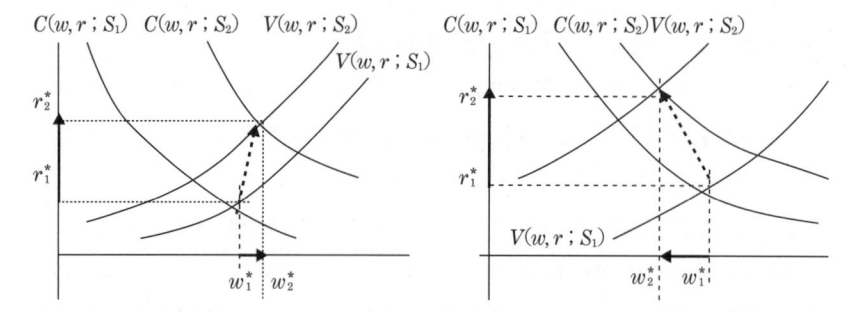

$C(w,r;S_1)$ $C(w,r;S_2)$ $V(w,r;S_2)$
$V(w,r;S_1)$

図 2-1-1 要素価格フロンティア、間接効用関数とアメニティの変化（①、②）
（アメニティ s が、S_1 から S_2 へ変化したとき（$S_1<S_2$））

③ $C_s>0$のとき
  1) C_sの影響が大きいとき
  2) V_sの影響が大きいとき

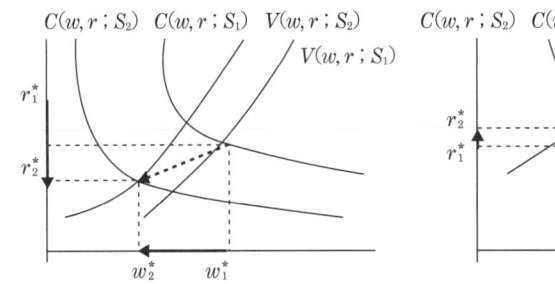

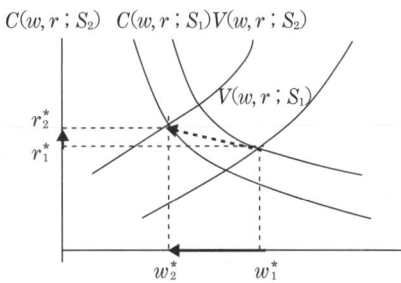

図 2-1-2 要素価格フロンティア、間接効用関数とアメニティの変化（③）
（アメニティ s が、S_1からS_2へ変化したとき（$S_1<S_2$））

2.4 実証分析のためのアメニティ帰属価額推定式の導出

ある期における都市 i の n 種類のアメニティ指標のうちの j 番目のアメニティ指標値を s_{ij} とする。当該期における都市 i の**アメニティ帰属価額**を求めるために、n 種類の s_{ij} を説明変数として、都市ごとの家賃 r_i と賃金 w_i を被説明変数とする（2.8）（2.9）の回帰式を、最小自乗法により推定する。

$$\ln r_i = \alpha_0 + \sum_{j=1}^{n} \alpha_j \ln s_{ij} + u_{\alpha i} \tag{2.8}$$

$$\ln w_i = \beta_0 + \sum_{j=1}^{n} \beta_j \ln s_{ij} + u_{\beta i} \tag{2.9}$$

$\alpha_0,\ \alpha_j,\ \beta_0,\ \beta_j$：推定する係数、$u_{\alpha i},\ u_{\beta i}$：誤差項

（2.7）から、アメニティ指標 s_{ij} の平均水準 $\bar{s}_j$ での1％変化に対する評価額 P_{sj} は、次の（2.10）式のように表すことができる。

$$P_{sj} = \bar{l}^c dr/(ds_j/\bar{s}_j) - dw/(ds_j/\bar{s}_j)$$
$$= \bar{l}^c (d\ln r/d\ln s_j)\bar{r} - (d\ln w/d\ln s_j)\bar{w}$$
$$= \bar{l}^c \alpha_j \bar{r} - \beta_j \bar{w} \tag{2.10}$$

$\bar{l}^c$：住宅用土地面積、$\bar{r}$：地代、$\bar{w}$：賃金、

$\bar{s}_j$：アメニティの全都市の単純平均

都市 i におけるアメニティ指標 s_{ij} についての相対的評価額(帰属価額)は、(2.11)で表すことができる。

$$P_{sij} = P_{sj}\{(s_{ij} - \bar{s}_j)/\bar{s}_j\} \tag{2.11}$$

当該期における都市 i での n 個のアメニティ指標 s_{ij} の帰属価額の合計(i 都市のアメニティの総合評価額)は、(2.10)(2.11)を利用して(2.12)のように変形できる。

$$A_i = \sum_{j=1}^{n} P_{sij} = \sum_{j=1}^{n} (\bar{l}^c \alpha_j \bar{r} - \beta_j \bar{w})\{(s_{ij} - \bar{s}_j)/\bar{s}_j\} \tag{2.12}$$

2.5　実証分析

2.5.1　分析対象

1988年から2000年に渡る3期(第1期(1988・1990年)、第2期(1993・1995年)、第3期(1998・2000年))における日本の大都市についてアメニティ帰属価額を推計する。対象都市は、東京都区部と12政令指定都市の計13都市である。

2.5.2 データおよびその加工

データの概要と意味付けを表2-2にまとめた。「家賃」、「賃金」は回帰分析の被説明変数である。「暖房デグリーデー」から「刑法犯認知件数」は説明変数としての8種類のアメニティ指標値であり、その意味付けも表に示した。

表2-2 データの出典と説明

指標の名称	指定統計等の名称	指標の説明	変数の意味付け	単位	対象期 第1期	第2期	第3期
家賃	家計調査	民営家賃/面積	rent	円/m²	1988、1990	1993、1995	1998、2000
賃金	家計調査	勤め先収入/世帯当たり有業人員	wage	円/人	1988、1990	1993、1995	1998、2000
暖房デグリーデー	理科年表	14℃を下回る温度を暖房期間日において積算したもの	自然環境	デグリーデー	1961～1990		
二酸化硫黄濃度	大都市比較統計年表		公害の状況	ppm	1988、1990	1993、1995	1998、2000
公共下水道普及率	下水道統計要覧	処理区域人口/市域人口	インフラの整備状況	%	1988、1990	1993、1995	1998、2000
第3次産業従事者人口比率	事業所・企業統計調査	3次産業従事者数/全従業者数	サービス経済化、消費の多様性	%	1986	1991	1999
老人・児童福祉施設数(千人当たり)	大都市比較統計年表	同施設数/市域人口	福祉施設整備状況	所/千人	1988、1990	1993、1995	1998、2000
就業者大学・大学院卒業率	就業構造基本調査	大学・院卒業者/就業者数	人的資本の集積	%	1987	1992	1997
有効求人倍率	職業安定業務統計	求人数/求職者数	労働市場の状況		1988、1990	1993、1995	1998、2000
刑法犯認知件数(千人当たり)	犯罪統計	認知件数/市域人口	治安、安全	件/千人	1988、1990	1993、1995	1998、2000
人口	大都市比較統計年表	市域内推計人口		人	1988、1990	1993、1995	1998、2000
有業者1人当たり専用住宅延面積	住宅(土地)統計調査	専用住宅延m²/世帯当たり有業人員		m²/人	1988	1993	1998
消費者物価地域差指数	消費者物価指数年報	全国平均=100、家賃を除く総合		―	1988、1990	1993、1995	1998、2000
消費者物価指数	消費者物価指数年報	2000年=100、総合			1988、1990	1993、1995	1998、2000

「人口」から「消費者物価指数」はデータの加工に用いる指数などである。

対象都市は13都市と少ないため、1988年と1990年、1993年と1995年、1998年と2000年の2か年をそれぞれ1期として、必要な自由度を確保した。

回帰分析での被説明変数である家賃および賃金については、各期ごとに消費者物価地域差指数（全国平均＝100。家賃を除く総合）によって全国平均価格に調整し、消費者物価指数（2000年＝100）によりデフレートした後、これを被説明変数として使用した。

説明変数である各アメニティ指標値の分散や変動係数は著しく異なっているため、回帰分析の結果から説明変数間で係数の大小などを比較可能にするために（2.13）のように各指標を標準化した。

$$s_{ij} = 50 + (y_{ij} - \bar{y}_{ij}) \times 10/\sigma_j \tag{2.13}$$

y_{ij}：i都市におけるj番目のアメニティ指標、
$\bar{y}_j$：j番目のアメニティ指標の平均値、
σ_j：j番目のアメニティ指標の標準偏差

説明変数の採用にあたって、説明変数相互間の多重共線性の影響を排除するため、**分散拡大要因（variance inflation factor）**の値が10未満にとどまるよう配慮している[9]。

（2.11）、（2.12）を適用する際には、i都市のs_{ij}は、例えば、1988・1990年については、$(s_{ij}^{1988} + s_{ij}^{1990})/2$として2年の単純平均を用いて、$P_{sij}, A_i$を求めた。

---

9) 蓑谷（1997）pp.100-103 参照。

2.5.3 推定結果

(2.8)、(2.9)に基づく最小自乗法による**回帰分析**[10]の結果を**表2-3**にまとめる。自由度調整済み決定係数で、家賃回帰が賃金回帰を上回っている。これ

表2-3 回帰分析の結果

(※※は5%の水準で、※は10%水準で有意であることを示す。)

(1)家賃を被説明変数とした重回帰分析の結果

説明変数	第1期 係数	第1期 t値	第2期 係数	第2期 t値	第3期 係数	第3期 t値
暖房DD	−0.361	−1.082	−0.234	−0.765	−0.758 ※※	−2.108
二酸化硫黄濃度	−0.172	−0.432	0.524 ※	1.879	0.132	0.445
下水道普及率	−0.022	−0.104	0.293 ※	1.999	0.300 ※	1.817
第3次産業従業者率	−0.239	−1.062	−0.163	−0.901	0.078	0.318
老人・児童福祉施設数	−0.323	−1.099	0.093	0.385	−0.264	−1.071
大学・院卒業率	0.675 ※※	2.116	0.791 ※※	3.698	0.756 ※※	2.810
有効求人倍率	0.502 ※	1.718	0.057	0.250	0.139	0.489
刑法犯認知件数	−0.052	−0.196	−0.400	−1.499	−0.289	−0.836
決定係数	0.667		0.767		0.705	
自由度調整済み決定係数	0.476		0.657		0.566	
サンプル数	23		26		26	

(2)賃金を被説明変数とした重回帰分析の結果

説明変数	第1期 係数	第1期 t値	第2期 係数	第2期 t値	第3期 係数	第3期 t値
暖房DD	0.078	0.600	−0.022	−0.162	−0.079	−0.589
二酸化硫黄濃度	−0.429 ※※	−2.766	−0.306 ※※	−2.448	0.247 ※※	2.213
下水道普及率	0.018	0.219	−0.033	−0.500	−0.040	−0.643
第3次産業従業者率	−0.197	−2.250	−0.097	−1.200	0.087	0.941
老人・児童福祉施設数	−0.315 ※※	−2.754	−0.072	−0.670	0.084	0.915
大学・院卒業率	0.456 ※※	3.673	0.235 ※※	2.452	0.039	0.386
有効求人倍率	0.148	1.300	−0.074	−0.717	0.061	0.575
刑法犯認知件数	0.285 ※※	2.742	0.317 ※※	2.656	−0.141	−1.088
決定係数	0.658		0.430		0.447	
自由度調整済み決定係数	0.463		0.163		0.187	
サンプル数	23		26		26	

---

10) この他に、3期をプールした最小自乗法、ならびに都市毎の個別効果（indivisual effects）と時間効果（time effects）をダミーとして組み込んだパネル分析も実施したが、良好な結果が得られていない。

は現実には職住一致の仮定が十分満たされていないことなどが影響していると推測される。家賃回帰では、「下水道普及率」・「大学・大学院卒業率」などが比較的高い有意性を示している。賃金回帰では、「二酸化硫黄濃度」・「大学・大学院卒業率」・「刑法犯認知件数」が高い有意性となっている。他の説明変数の係数のt値も10％水準で有意なものがみられるが、十分ではないものも認められる。

　(2.11) によりアメニティ指標ごとの帰属価額を求めたものを表2-4と図2-2に整理した。

　下水道普及率、大学・大学院卒業率などが上昇傾向を示しており、アメニティとしてのインフラの整備や人的資本蓄積などが高く評価されるようになってきている。このことから、地方政府には、インフラなどの基盤整備や教育環境などの分野に重点を置いた施策が求められていると言える。

　都市毎のアメニティ総合評価額を (2.12) により求め、期ごとに降順で示したのが表2-5であり、主要6都市について評価額の推移をグラフに示したのが図2-3である。3期を通してみると東京都区部、横浜市や福岡市などが、順位も含めて上昇傾向にあるのに対して、大阪市・京都市などが下降傾向にあるのが注目される。これらに対して名古屋市は安定した正の評価を受けている。

　都市別アメニティ総合評価額が上昇傾向にある横浜市と福岡市の2都市、下降傾向にある京都市と大阪市の2都市について、アメニティ指標別の増減内訳（表2-6）を比較してみると、横浜市については、下水道普及率や大学・大学院卒業率の上昇などが、福岡市については二酸化硫黄濃度の改善や下水道普及率などが総合評価額の上昇に寄与していることが示されている。また、京都市と大阪市については大学・大学院卒業率の下降などが、総合評価額の下降を惹起していると考えられる。このように、都市別アメニティ総合評価額の分析により、各都市においてどのようなアメニティの改善に重点を置くべきかという政策的インプリケーションを得ることができることが、この分析の特徴でもある。

第2章 賃金・地代の一般均衡モデルによる都市の環境評価と都市政策 45

表 2-4 アメニティ指標別帰属価額の推移（2000 年価格）

（単位：円）

アメニティ指標	アメニティ指標帰属価額		
	第1期	第2期	第3期
暖房 DD	−53,733	−13,976	−46,169
二酸化硫黄濃度	124,494	146,604	−66,572
下水道普及率	−7,483	37,170	41,048
第3次産業従業者率	44,451	16,793	−20,455
老人・児童福祉施設数	75,726	31,779	−52,038
大学・院卒業率	−93,190	−4,554	58,960
有効求人倍率	−7,718	29,084	−6,523
刑法犯認知件数	−95,908	−139,070	17,900

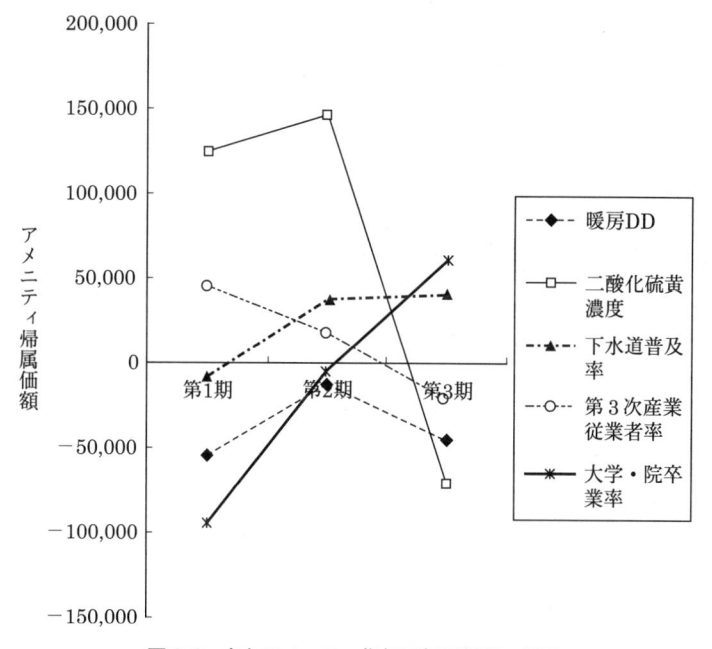

図 2-2 主なアメニティ指標別帰属価額の推移

表2-5 大都市アメニティ総合評価額順位の推移

(単位：円)

順位	第1期 都市名	評価額	第2期 都市名	評価額	第3期 都市名	評価額
1	京都	33,581	横浜	51,770	横浜	22,034
2	仙台	26,186	都区部	41,051	福岡	17,988
3	大阪	23,754	名古屋	22,924	川崎	14,509
4	神戸	11,386	川崎	16,096	都区部	13,488
5	名古屋	6,129	神戸	9,974	神戸	7,286
6	横浜	4,104	京都	9,234	北九州	4,273
7	北九州	−2,237	広島	2,911	名古屋	3,104
8	都区部	−2,455	千葉	−3,649	千葉	−536
9	川崎	−2,749	大阪	−6,641	仙台	−3,048
10	広島	−9,019	札幌	−15,969	大阪	−3,188
11	福岡	−17,224	仙台	−28,703	京都	−11,798
12	札幌	−58,362	北九州	−30,832	札幌	−30,930
13	—	—	福岡	−68,164	広島	−33,181

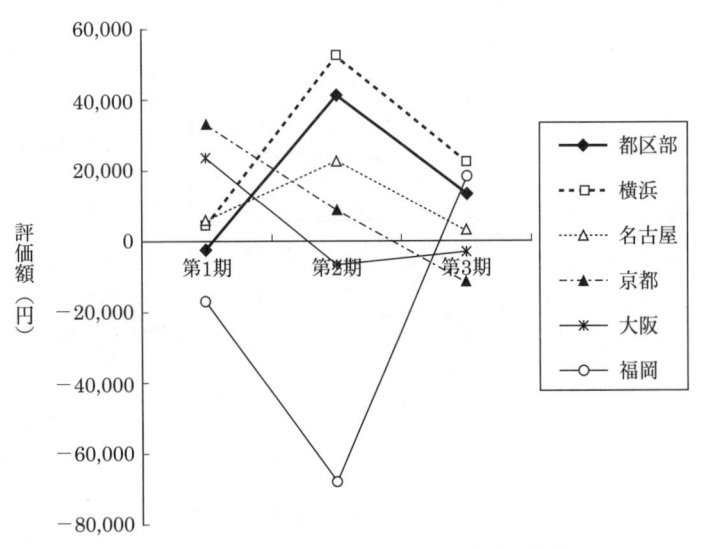

図2-3 主要都市のアメニティ総合評価額の推移

第2章 賃金・地代の一般均衡モデルによる都市の環境評価と都市政策　47

表2-6　4都市のアメニティ別帰属価額の推移

[2000年価格]（単位：円）

区分		アメニティ指標	暖房DD	二酸化硫黄濃度	下水道普及率	第3次産業従業者率	老人・児童福祉施設数	大学・院卒業率	有効求人倍率	刑法犯認知件数	総合評価額
		単位	HDD	ppm	%	%	所/千人	%	—	件/千人	円
13大都市	アメニティ別帰属価額	第1期	−53,733	124,494	−7,483	44,451	75,726	−93,190	−7,718	−95,908	
		第3期	−46,169	−66,572	41,048	−20,455	−52,038	58,960	−6,523	17,900	
横浜市	アメニティ指標	第1期	888	0.010	85.1%	67.3%	0.103	19.1%	1.320	12.2	
		第3期	888	0.007	99.1	76.0%	0.134	25.9%	0.475	17.4	
	標準化後指標	第1期	46.1	61.7	50.0	44.4	31.3	62.5	53.2	35.4	
		第3期	46.1	65.8	55.8	46.3	32.6	66.2	46.3	37.6	
	アメニティ帰属価額	第1期	4,153	29,133	−4	−4,957	−28,392	−23,268	−492	27,930	4,104
		第3期	3,579	−21,070	4,733	1,498	18,159	19,109	481	−4,454	22,034
		第3期−第1期	−574	−50,204	4,737	6,455	46,551	42,376	973	−32,383	17,931
福岡市	アメニティ指標	第1期	754	0.008	82.7%	79.8%	0.163	16.9%	0.725	24.2	
		第3期	754	0.004	98.7	84.8%	0.290	20.4%	0.470	37.4	
	標準化後指標	第1期	43.4	50.4	48.1	65.3	43.2	56.2	40.9	59.8	
		第3期	43.3	40.1	55.0	66.8	57.9	52.7	46.0	66.7	
	アメニティ帰属価額	第1期	7,082	920	280	13,594	−10,249	−11,535	1,399	−18,716	−17,224
		第3期	6,156	13,169	4,101	−6,864	−8,251	3,161	525	5,992	17,988
		第3期−第1期	−926	12,249	3,821	−20,459	1,998	14,696	−874	24,708	35,212
京都市	アメニティ指標	第1期	1,035	0.007	90.5%	70.7%	0.279	14.8%	0.800	15.9	
		第3期	1,035	0.005	99.0	76.5%	0.351	16.9%	0.450	24.2	
	標準化後指標	第1期	49.1	47.5	54.2	50.1	66.5	50.3	42.5	42.8	
		第3期	49.2	44.4	55.7	47.5	67.8	44.2	44.6	47.5	
	アメニティ帰属価額	第1期	940	−6,133	−625	117	24,984	−581	1,161	13,718	33,581
		第3期	752	7,462	4,654	1,006	−18,574	−6,894	698	−902	−11,798
		第3期−第1期	−188	13,596	5,279	888	−43,558	−6,313	−462	−14,620	−45,379
大阪市	アメニティ指標	第1期	837	0.010	99.8%	71.5%	0.180	9.7%	1.470	27.2	
		第3期	837	0.006	99.9	76.3%	0.240	13.8%	0.645	36.6	
	標準化後指標	第1期	45.1	61.7	61.4	51.4	46.7	35.9	56.3	65.9	
		第3期	45.1	53.0	57.4	47.0	49.8	36.5	57.6	65.6	
	アメニティ帰属価額	第1期	5,268	29,133	−1,713	1,261	−4,982	26,189	−968	−30,435	23,754
		第3期	4,560	−3,951	6,075	1,213	189	−15,879	−996	5,601	−3,188
		第3期−第1期	−708	−33,084	7,788	−48	5,170	−42,068	−27	36,036	−26,942

2.6 結論と今後の課題

2.6.1 結論と政策的インプリケーション

本章では、家計と企業の行動を一般均衡体系の下で整合的に組み合わせたRoback（1982）のモデルに基づき、計量経済学的手法を適用し、日本の大都市のアメニティを評価した。本分析によって明らかになった諸点をまとめる。

① 2000年までの約10年間についてのアメニティ指標別の帰属価額や、都市毎のアメニティ総合評価額などを推計したところ、インフラ整備や人的資本蓄積の水準などの評価が高まっている（表2-4、図2-2）。

② 都市別のアメニティ総合評価については、東京都区部・横浜市・福岡市などが順位を高める傾向があるのに対し、大阪市・京都市などは下降傾向にある（表2-5、図2-3）。

③ 被説明変数を家賃とした場合と、賃金とした場合の回帰分析の結果は、家賃とした方が自由度調整済み決定係数などが高い水準となる傾向が見られた。賃金を被説明変数にした場合については、職住一致の仮定が現実には満たされていないことや、労働者の属性などがコントロールされていないことなどにより、低い説明力にとどまっているものと考えられる（表2-3）。

2.6.2 今後の課題

今後の課題として、次の2点が残っている。

① 被説明変数のデータとして、家計調査を利用しているためサンプル数が十分でなく、他の統計調査の利用を検討していく必要がある。マイクロデータの利用や、都市圏を単位とした分析などにより統計的な信頼性を向上させられる可能性がある。

② 表2-7に、各期の都市毎の人口成長率とアメニティ総合評価額との**相関**

係数を示した。第1期と第2期においては相関係数が負であったが、第3期に正に転じていることが注目される。これが消費者や企業の都市選好の変化を反映したものかどうかは、さらに多方面からの研究が必要である。

表 2-7 都市別アメニティ総合評価額と人口増加率の相関関係推移

区分	第1期 1988、1990年	第2期 1993、1995年	第3期 1998、2000年
相関係数	−0.458	−0.333	0.429

付録 2.1
労働・土地市場を含んだ2都市一般均衡モデルからRobackの開放小都市モデルの導出

付録2.1では、第2章の計量分析で用いられる「Robackの一般均衡モデル」の理論的背景を明らかにするために、より一般化された労働・土地市場を含んだ「2都市一般均衡モデル」について方程式体系を定式化し、その体系についてワルラス法則との整合性を検討する。その後モデルを、「開放小都市」に対応するように条件を限定し「Robackの一般均衡モデル」を導出する。

A.2.1.1　2都市一般均衡モデル
A.2.1.1.1　都市と経済主体の仮定
(1) 都市についての仮定
① 社会は2都市からなる。
② 各都市には合成財市場、土地市場、労働市場が存在する。
③ 2都市の総人口は一定とする。
④ アメニティは都市によって異なり、外生的に与えられる。

(2) 家計についての仮定
   ① 1家計は1労働者によって構成され、すべての労働者は同じ技能を持つ。
   ② 家計は消費に関して同質の選好を持つ。
   ③ 労働者は居住する都市の企業で働く。
   ④ 家計は2都市間を移動費用なしで住居移動でき、効用を最大化するよう居住都市を選択する。
   ⑤ 家計は、各都市に固有のアメニティのもとで、**財産収入**（地代収入と企業利潤の配当）と賃金の和を予算制約として、効用を最大化するように合成財と土地を消費する。

(3) 企業についての仮定
   ① 企業は同一の生産技術を持つ。
   ② 企業は各都市に固有のアメニティの下で労働と土地を生産要素として、利潤を最大化するよう合成財を生産する。
   ③ 企業は、参入退出の自由な完全競争市場の下にある。
   ④ 各都市の企業について、それぞれ同規模の企業が複数存在する。
   ⑤ 企業は利潤を株主である全家計に均等に配当する。

(4) 地主についての仮定
   ① 地主は家計の総体として社会に1人だけ存在する。
   ② 地主は、全地代収入を均等に全家計に配当する。
   ③ 地主は各都市の面積制約のもとで、住宅用地は各家計に、企業用地は各企業に土地を賃貸し、地代収入を最大化するよう行動する。

(5) 合成財市場についての仮定
   ① 合成財は、企業によって労働と土地を生産要素として生産され、家計に消費される。
   ② 合成財は、都市間で移出入が行われる。

(6) 土地市場についての仮定
① 各都市の総土地面積は一定とし、すべての土地は住宅用地か企業用地として利用される。

(7) 労働市場についての仮定
① 労働は、各都市に居住する家計によって供給され、そこに立地する企業によってすべて需要される。

A.2.1.1.2　経済主体の行動モデル

2都市における家計、企業、地主の行動を以下のようにモデル化し、それぞれの選好を導出する。

(1) 家計の行動

家計は、都市ごとに固有なアメニティのもとで、地代収入と企業利潤の配当からなる財産所得と賃金の和を予算制約として、効用を最大化するように合成財と住宅用地を消費する。

$$\max_{x_i, l_i^c} U(x_i, l_i^c; s_i) \qquad s.t. \qquad w_i + I = P_i x_i + l_i^c r_i^c \qquad (\text{a-1})$$

i：都市に対する添え字、s_i：都市 i のアメニティ指標値、
I：財産所得、w_i：賃金、U_i：効用、P_i：合成財価格、
x_i：合成財の消費量、r_i^c：地代、l_i^c：住宅用地の消費量

ここで、$U(x_i, l_i^c; s_i)$ は直接効用関数であり、

$$\frac{\partial U}{\partial x_i} > 0, \quad \frac{\partial^2 U}{\partial x_i^2} < 0 \text{ for } x_i > 0, \quad \frac{\partial U}{\partial l_i^c} > 0, \quad \frac{\partial^2 U}{\partial l_i^{c2}} < 0 \text{ for } l_i^c > 0$$

アメニティ s_i については連続で微分可能であるとする。また、任意のアメニティ水準について $U(x_i, l_i^c; s_i) \leq U(x_i', l_i^{c'}; s_i)$ を満たす任意の $(x_i, l_i^c), (x_i', l_i^{c'})$ と

$0 < t < 1$ に対して $U(x_i, l_i^c; s_i) \leq U(tx_i + (1-t)x_i', tl_i^c + (1-t)l_i^{c'}; s_i)$ を満たすと仮定する。

(a-1) に示す制約付き最適化問題の**ラグランジュ関数**を次のように置く。

$$\Lambda_i = U(x_i, l_i^c; s_i) + \lambda_i(w_i + I - P_i x_i - l_i^c r_i^c)$$

ラグランジュ関数に対する1階の条件より、効用最大化の条件が求められる。

$$(\partial U/\partial x_i)/(\partial U/\partial l_i^c) = P_i/r_i^c, \quad w_i + I = P_i x_i + l_i^c r_i^c$$

上記の条件を解くことにより、合成財需要関数が求められる。

$$x_i = x_i(P_i, r_i^c, w_i, I; s_i) \tag{a-2}$$

同様に、住宅用地の需要関数が求められる。

$$l_i^c = l_i^c(P_i, r_i^c, w_i, I; s_i) \tag{a-3}$$

さらに (a-2)、(a-3) の2つの需要関数を直接効用関数に代入すると、間接効用関数が導出される。

$$V_i = V(P_i, r_i^c, w_i, I; s_i) \tag{a-4}$$

(2) 企業の行動

企業は都市ごとに固有なアメニティのもとで労働者と企業用地を生産要素として、利潤を最大化するように合成財を生産する。

$$\max_{n_i, l_i^p} \Pi_i \quad s.t. \quad X_i = X(n_i, l_i^p; s_i) \tag{a-5}$$

n_i:労働者、l_i^p:企業用地、Π_i:利潤、X_i:合成財生産量

ここで、$\Pi_i = P_i X_i - (w_i n_i + r_i^p l_i^p)$ であり、r_i^pは企業用地代である。
企業の生産関数については、

$$\frac{\partial X}{\partial n_i} > 0 \text{ for } n_i > 0, \quad \frac{\partial X}{\partial l_i^p} > 0 \text{ for } l_i^p > 0$$

が成り立ち、一定の産出水準に対して労働者―企業用地の平面に描かれる等量曲線は原点に対して凸、アメニティs_iについては連続で微分可能であると仮定する。

利潤最大化の1階の条件から、最適化条件が求められる。

$$P_i(\partial X_i / \partial n_i) = w_i$$
$$P_i(\partial X_i / \partial l_i^p) = r_i^p$$

上記の条件を解くことにより、労働力需要関数、企業用地需要関数が求められ、それらを生産関数に代入することによって合成財供給関数が求められる。

$$n_i = n_i(P_i, r_i^p, w_i; s_i) \tag{a-6}$$
$$l_i^p = l_i^p(P_i, r_i^p, w_i; s_i) \tag{a-7}$$
$$X_i = X(P_i, r_i^p, w_i; s_i) \tag{a-8}$$

(3) 地主の行動

地主は、家計の総体として社会に1人だけ存在し、各都市の面積制約L_iのもとで総地代収入π^Lを増大させるように住宅用地と企業用地に土地を配分する。

$$L_i = l_i^c m_i n_i + l_i^p m_i \quad l_i^c, l_i^p \quad \text{for } i = 1, 2 \tag{a-9}$$

$$\pi^L = \sum_{i=1}^{2}(r_i^c l_i^c m_i n_i + r_i^p l_i^p m_i) \tag{a-10}$$

m_i：都市 i の企業数、n_i：1企業当たりの労働者数

　各都市において住宅用と企業用の地代が異なれば地主はより収益の高い用途に土地を配分しようとする。2都市の経済市場全体の調整メカニズムが働いた結果、均衡状態において（a-11）のように住宅用地代と企業用地代が都市内で一致すれば地主の当該都市での用地配分が確定することになる。なお、各都市には少なくとも1つの企業が存在し、当該都市の住民はすべてその企業で就業すると仮定されているため、すべての土地が片方の用途に使われることはなく、均衡状態では住宅用と企業用の地代は都市ごとに一致する。

$$\varPsi_i = r_i^c = r_i^p = r_i \tag{a-11}$$

(4) 企業利潤と地代の家計への分配

　都市 i の各企業の利潤は以下のように定義している。

$$\Pi_i = P_i X_i - (w_i n_i + r_i^p l_i^p) \tag{a-12}$$

　2都市の総企業利潤 π^P は、企業の利潤に各都市 i に存在する企業数 m_i を乗じて計算される。

$$\pi^P = \sum_{i=1}^{2} m_i \Pi_i \tag{a-13}$$

　2都市の総地代収入 π^L は、各都市の住宅用地代収入と企業用地代収入を合わせて求められる。

$$\pi^L = \sum_{i=1}^{2}(r_i^c l_i^c m_i n_i + r_i^p l_i^p m_i) \tag{a-14}$$

企業の総利潤と地主の総地代収入は、全家計に均等に分配されて財産所得 I となる。

$$I = \frac{1}{N}(\pi^p + \pi^L) \tag{a-15}$$

A.2.1.1.3　一般均衡方程式の導出とワルラス法則

以下では、相互に関連する3つの市場について、経済主体の最適化行動や市場間の関係を整理し、一般均衡方程式体系を定式化する。

＜合成財市場＞

［合成財需要関数］

合成財需要関数は家計の効用最大化行動から（a-2）として求められる。

$$x_1 = x_1(P_1, r_1^c, w_1, I; s_1) \tag{b-1}$$
$$x_2 = x_2(P_2, r_2^c, w_2, I; s_2) \tag{b-2}$$

［合成財供給関数］

合成財供給関数は企業の利潤最大化行動から（a-8）として求められる。

$$X_1 = X(P_1, r_1^p, w_1; s_1) \tag{b-3}$$
$$X_2 = X(P_2, r_2^p, w_2; s_2) \tag{b-4}$$

［合成財市場均衡条件］

合成財は、都市間で移出入が可能であるため、均衡状態では合成財に関する家計からの需要と企業からの供給は2都市を含む社会全体で一致する。

$$\sum_{i=1}^{2} m_i n_i x_i = \sum_{i=1}^{2} m_i X_i \tag{b-5}$$

m_i：都市 i の企業数、n_i：1企業当たりの労働者数

<土地市場>

［住宅用地需要関数］

住宅用地需要関数は家計の効用最大化行動から（a-3）として求められる。

$$l_1^c = l_1^c(P_1, r_1^c, w_1, I; s_1) \tag{b-6}$$
$$l_2^c = l_2^c(P_2, r_2^c, w_2, I; s_2) \tag{b-7}$$

［企業用地需要関数］

企業用地需要関数は企業の利潤最大化行動から（a-7）として求められる。

$$l_1^p = l_1^p(P_1, r_1^p, w_1; s_1) \tag{b-8}$$
$$l_2^p = l_2^p(P_2, r_2^p, w_2; s_2) \tag{b-9}$$

［土地均衡条件］

土地供給に関しては、(a-9)に示したように、利用可能面積が都市ごとに一定であり、それらの面積が地主によって住宅用地と企業用地に分配される。

$$l_1^c m_1 n_1 + l_1^p m_1 = L_1 \tag{b-10}$$
$$l_2^c m_2 n_2 + l_2^p m_2 = L_2 \tag{b-11}$$

［地代均衡］

均衡時には、(a-10)、(a-11)に示されたように、地主の地代収入最大化行動により、住宅用地代と企業用地代がそれぞれの都市で一致するように分

配される。

$$r_1^c = r_1^p = r_1 \tag{b-12}$$
$$r_2^c = r_2^p = r_2 \tag{b-13}$$

<労働市場>

[労働需要関数]

企業の労働需要関数は企業の利潤最大化行動から (a-6) として求められる。

$$n_1 = n_1(P_1, r_1^p, w_1; s_1) \tag{b-14}$$
$$n_2 = n_2(P_2, r_2^p, w_2; s_2) \tag{b-15}$$

[労働均衡条件]

労働需要は都市間の人口移動を通じて調整され、仮定により均衡状態ではすべての労働者は企業に雇用され、失業は生じない。

$$\sum_{i=1}^{2} m_i n_i = \overline{N} \tag{b-16}$$

<所得方程式>

企業の利潤と地主の利潤は (a-12) 〜 (a-15) に示したとおり、全家計に均等に配分される。

[企業利潤]

$$\Pi_1 = P_1 X_1 - w_1 n_1 - r_1^p l_1^p \tag{b-17}$$
$$\Pi_2 = P_2 X_2 - w_2 n_2 - r_2^p l_2^p \tag{b-18}$$
$$\pi^p = \sum_{i=1}^{2} m_i \Pi_i \tag{b-19}$$

［地主利潤］

$$\pi^L = \sum_{i=1}^{2}(r_i^c l_i^c m_i n_i + r_i^p l_i^p m_i) \tag{b-20}$$

［財産所得］

$$I = \frac{1}{N}(\pi^P + \pi^L) \tag{b-21}$$

<効用均衡>

［効用の都市間均衡］

　労働者は都市間の住居移動が自由であるため、より高い効用を求めて都市間を移動することが可能であり、両都市の家計の効用が等しくなるまで移動する。このため、均衡状態では2都市の間接効用は一致する。

$$V_1 = V(P_1, r_1^c, w_1, I; s_1) \tag{b-22}$$
$$V_2 = V(P_2, r_2^c, w_2, I; s_2) \tag{b-23}$$
$$V_1 = V_2 \tag{b-24}$$

　さらに、Roback（1982）モデルの都市経済構造との整合性を確保するために3つの仮定を追加する。

［合成財市場の輸送費の仮定］

　合成財の移出入に関して輸送コストはゼロと仮定する。このとき2都市の合成財の価格は均衡状態で一致する。

$$P_1 = P_2 = P \tag{b-25}\tag{b-26}$$

［合成財市場についての完全競争の仮定］

　合成財を生産する企業は参入退出が自由な完全市場競争下にあると仮定すると、正の利潤が生じる限り新規企業が参入するため、長期均衡下では企

業には利潤が生じなくなる。

$$\Pi_1 = 0 \tag{b-27}$$
$$\Pi_2 = 0 \tag{b-28}$$

[企業数についての仮定]

　合成財の生産について規模に関する収穫一定を仮定する。このケースでは各都市の企業群の生産量の合計が本質的な変数となる。そのため、各都市に存在する企業数を1としても一般性を失わない。以下では、各都市には代表的な企業が1つ存在するものとする。

$$m_1 = 1 \tag{b-29}$$
$$m_2 = 1 \tag{b-30}$$

表A.2-1は、追加した(b-25)〜(b-29)の仮定を組み込んだ場合の労働・土地市場を含んだ2都市一般均衡モデルをまとめ、併せて内生変数・外生変数を示したものである。なお、土地市場の均衡条件式は地主の最適化行動の制約となっており、内生的に組み込まれているため明示的に示さなかった。

　この方程式体系につき、ワルラス法則との整合性を検討する。

　「**ワルラス法則**」とは、「超過需要の価値の総和は恒等的にゼロである」ということである。

　本モデルでは、合成財市場、土地市場、労働市場の3つの市場が存在する。そのうち、まず、土地市場については、利用可能な土地面積は一定であり、それらが地主によってすべて分配されると仮定されているため、超過需要は生じない。

　また、労働市場についても、(d-12)に示すように賃金の変動や労働者の都市間移動はあるものの最終的には完全雇用が仮定されているため超過需要は生じない。

表 A.2-1　2都市モデル方程式体系

都　市　1	都　市　2
<合成財市場>	
需要	
$x_1 = x_1(P, r_1, w_1, I; s_1)$　　(d-1)	$x_2 = x_2(P, r_2, w_2, I; s_2)$　　(d-2)
供給	
$X_1 = X(P, r_1, w_1; s_1)$　　(d-3)	$X_2 = X(P, r_2, w_2; s_2)$　　(d-4)
市場均衡	
$n_1 x_1 + n_2 x_2 + X_1 + X_2$　　(d-5)	
<土地市場>	
需要	
$l_1^c = l_1^c(P, r_1, w_1, I; s_1)$　　(d-6)	$l_2^c = l_2^c(P, r_2, w_2, I; s_2)$　　(d-7)
$l_1^p = l_1^p(P, r_1, w_1; s_1)$　　(d-8)	$l_2^p = l_2^p(P, r_2, w_2; s_2)$　　(d-9)
<労働市場>	
需要	
$n_1 = n_1(P, r_1, w_1; s_1)$　　(d-10)	$n_2 = n_2(P, r_2, w_2; s_2)$　　(d-11)
市場均衡	
$n_1 + n_2 = \bar{N}$　　(d-12)	
<所得方程式>	
企業利潤	
$PX_1 - w_1 n_1 - r_1 l_1^p = 0$　　(d-13)	$PX_2 - w_2 n_2 - r_2 l_2^p = 0$　　(d-14)
地主利潤	
$\pi^L = \sum_{i=1}^{2}(r_i l_i^c n_i + r_i l_i^p)$　　(d-15)	
財産所得	
$I = \pi^L / \bar{N}$　　(d-16)	
<効用均衡>	
効用の都市間均衡	
$V_1 = V(P, r_1, w_1, I; s_1)$　　(d-17)	$V_2 = V(P, r_2, w_2, I; s_2)$　　(d-18)
$V_1 = V_2$　　(d-19)	

内生変数：19
　　$x_1, x_2, X_1, X_2, P, r_1, r_2, w_1, w_2, I, n_1, n_2, l_1^c, l_2^c, l_1^p, l_2^p, \pi^L, V_1, V_2$
外生変数：3
　　$\bar{N}, s_1, s_2$

第2章 賃金・地代の一般均衡モデルによる都市の環境評価と都市政策　61

したがって、「ワルラス法則」によれば、3つの財市場よりなるモデルにおいて、2財の市場の超過需要がゼロであれば、3つ目の財市場である合成財市場の超過需要もゼロであることが予想される。以下がその導出である。

総地代収入は（d-15）より、各都市の住宅用地代収入と企業用地代収入の和で表される。

$$\pi^L = r_1^c l_1^c n_1 + r_1^p l_1^p + r_2^c l_2^c n_2 + r_2^p l_2^p \tag{e-1}$$

また、全家計の財産所得は企業利潤をゼロと仮定しているため、(d-12)、(d-16) より、総地代収入に一致する。

$$I(n_1 + n_2) = \pi^L \tag{e-2}$$

一方、このモデルでの家計の予算制約式は都市ごとに表されている。

$$w_1 + I = Px_1 + l_1^c r_1 \tag{e-3}$$
$$w_2 + I = Px_2 + l_2^c r_2 \tag{e-3}$$

(e-3)、(e-4) において、それぞれ w_1、w_2 を移項し、都市ごとの家計数を乗じれば都市ごとの全家計の財産所得が得られる。

$$n_1 I = n_1 (Px_1 + l_1^c r_1 - w_1) \tag{e-5}$$
$$n_2 I = n_2 (Px_2 + l_2^c r_2 - w_2) \tag{e-6}$$

(e-2) の左辺に (e-5)、(e-6) を代入し、右辺に (e-1) を代入して整理すれば次の恒等式が得られる。

$$P\{n_1 x_1 - (w_1 n_1 + r_1 l_1^p)\} + P\{n_2 x_2 - (w_2 n_2 + r_2 l_2^p)\} = 0 \tag{e-7}$$

(d-13)、(d-14) の一部を移項すれば次の式が得られる。

$$PX_1 = w_1 n_1 + r_1 l_1^p \tag{e-8}$$
$$PX_2 = w_2 n_2 + r_2 l_2^p \tag{e-8}$$

(e-7) の恒等式に (e-8)、(e-9) を代入すると、ワルラス法則に対応する恒等式に変形できる。

$$P(n_1 x_1 - X_1) + P(n_2 x_2 - X_2) = 0 \tag{e-10}$$

(e-10) は恒等式であるので、価格水準によらず、合成財の超過需要がゼロであることを表している。

以上より、本モデルがワルラス法則に整合的であることが示された。

A.2.1.2　開放小都市モデル

ここでは、A.1「2都市一般均衡モデル」から Roback (1982) モデルを導出するために、都市に関する仮定を開放小都市に対応させ、「社会は2都市からなる」としていたものを、「社会は、非常に小さな都市1と非常に大きな都市2の2都市からなる」に変更する。次に、仮定の変更に対応し、表A.2-1「2都市モデル方程式体系」に列挙した方程式を修正する。

本モデルでは都市1の経済活動に着目し、都市2のみに関する方程式を省略する。都市1は非常に小さいため、その経済活動の変化は、社会全体または非常に大きい都市2には無視できる程度の影響しか与えない。したがって、都市1のいかなる変化に対しても、近似的には都市2のみに対する方程式は常に成立することになり、省いても支障はない。

<合成財市場>

[合成財需要関数]

　2都市全体の総地代収入は家計の財産所得として均等に分配されるが、この財産所得の水準は大都市である都市2の地代収入によってほぼ決まるため、小都市の経済活動の影響を受けない。したがって、都市1の各家計の合成財需要関数は、(d-1) より財産所得 I を変数から除いて簡略化できる。

$$x_1 = x_1(P, r_1, w_1; s_1) \tag{f-1}$$

[合成財供給関数]

　都市1の代表的企業の合成財供給関数は、小都市を仮定した場合でも引き続き (d-3) と同様に表される。

$$X_1 = X(P, r_1, w_1; s_1) \tag{f-2}$$

　市場均衡条件 (d-5) は、合成財市場に占める、大都市である都市2での需要と供給の割合が非常に大きいため、近似的には小都市である都市1の経済活動に拠らず常に成立すると考えられ、方程式体系から省略できる。

<土地市場>

[住宅用地需要関数]

　都市1の各家計の住宅用地需要関数は、合成財の需要と同様の理由により、(d-6) より財産所得 I を変数から除いて表される。

$$l_1^c = l_1^c(P, r_1, w_1; s_1) \tag{f-3}$$

[企業用地需要関数]

　都市1の各企業の企業用地需要関数は、小都市を仮定した場合においても引き続き (d-8) と同様に表される。

$$l_1^p = l_1^p(P, r_1, w_1; s_1) \tag{f-4}$$

市場均衡条件については、先述の2都市モデルの場合と同様に地主の地代収入最大化行動の与件となっており、均衡状態では常に成立するためここでは陽表的には表記しない。

<労働市場>
［労働需要］
　都市1の各企業の労働需要関数は、小都市を仮定した場合においても引き続き（d-10）と同様に表される。

$$n_1 = n_1(P, r_1, w_1; s_1) \tag{f-5}$$

市場均衡条件（d-12）については、大都市である都市2の人口が、ほぼ総人口に一致するため方程式体系の中で有効条件とはならないため省略する。

<効用均衡>
［効用の都市間均衡］
　小都市である都市1の経済活動の変化が大都市である都市2の住民の効用に与える影響は限りなく小さいため、大都市の効用は不変であると仮定する。ここでは、均衡時に都市1の効用が都市2の効用 k（定数）と等しくなると仮定する。

$$V_1 = V(P, r_1, w_1; s_1) \tag{f-6}$$
$$V_1 = k \tag{f-7}$$

ただし、V_1 は都市1の間接効用関数である。
［相対価格条件］
　先述の2都市モデル同様にワルラス法則が成立するため合成財をニュメ

レール財とし、賃金と地代の相対価格を求める。

$$p=1 \tag{f-8}$$

[合成財市場・生産企業についての条件]

　企業による合成財の生産は、仮定により規模に関して収穫一定であるため、付録2.2に示すとおりその費用を単位費用関数Cとして表すことができる。

$$C_1 = C(w_1, r_1; s_1) \tag{f-9}$$

　また、先述の2都市モデルと同様に企業利潤は完全競争の下で長期的には0であり、次式が成り立つ。

$$\Pi_1 = X_1 - C_1^* X_1 = 0 \tag{f-10}(f-11)$$

したがって、単位費用は合成財価格の1に等しくなる。

$$C_1 = 1$$

　表A.2-2にまとめた上述の方程式体系は、第2章2.3「Robackの一般均衡モデル」のモデルと符合する。なお、Robackモデルでは「多数の都市」が仮定されているが、分析対象となる1都市を中心にみれば、本モデルの「非常に小さな都市と非常に大きな都市」の仮定は「1都市と多数の都市」の仮定と同等と考えられる。

表 A.2-2　Roback の開放小都市モデル方程式体系

都　市　1
＜合成財市場＞
需要
$x_1 = x_1(r_1, w_1; s_1)$　　　　　　(g-1)
供給
$X_1 = X(r_1, w_1; s_1)$　　　　　　(g-2)
＜土地市場＞
需要
$l_1^c = l_1^c(r_1, w_1; s_1)$　　　　　　(g-3)
$l_1^p = l_1^p(r_1, w_1; s_1)$　　　　　　(g-4)
＜労働市場＞
需要
$n_1 = n_1(r_1, w_1; s_1)$　　　　　　(g-5)
＜効用均衡＞
都市間の効用均衡
$V(r_1, w_1; s_1) = k$　　　　　　(g-6)
＜生産企業の条件＞
単位費用関数
$C_1 = C(r_1, w_1; s_1) = 1$　　　　　　(g-7)
内生変数：7
$x_1, X_1, r_1, w_1, n_1, l_1^c, l_1^p$
外生変数：2
s_1, k

付録2.2 単位費用関数の導出について

一般的に**費用関数**cは、生産関数$X=X(L, K)$の下で、一定の産出量を生産するための最小化した費用であるので、(j-1)として表される。

$$\max_{L, K}(wL+rK) \quad s.t. \quad X=X(L, K) \tag{j-1}$$

X：合成財の生産量、L：労働、K：資本、w：賃金、r：資本賃料

ラグランジュ関数を(j-2)のように仮定する。

$$\Phi=wL+rK+\lambda(X-X(L, K)) \tag{j-2}$$

1階の条件より、(j-3)が求められる。

$$\begin{aligned} \frac{\partial \Phi}{\partial L}&=w-\lambda\frac{\partial X}{\partial L}=0 \\ \frac{\partial \Phi}{\partial K}&=r-\lambda\frac{\partial X}{\partial K}=0 \\ \frac{\partial \Phi}{\partial \lambda}&=X-X(L, K)=0 \end{aligned} \tag{j-3}$$

したがって、費用関数$c(X)=wL^*+rK^*$は、上の1階条件をみたす。
ただし、L^*, K^*はそれぞれ費用を最小化した下での労働、資本である。

生産関数の1次同次性の仮定の下では、オイラーの定理により(j-4)が成り立つ。

$$X = \frac{\partial X}{\partial L}L + \frac{\partial X}{\partial K}K \tag{j-4}$$

費用関数は、(j-3)、(j-4) より、(j-5) として表される。

$$\begin{aligned}
c(X) &= wL^* + rK^* \\
&= \lambda \frac{\partial X}{\partial L}L + \lambda \frac{\partial X}{\partial K}K \\
&= \lambda \left(\frac{\partial X}{\partial L}L + \frac{\partial X}{\partial K}K \right) \\
&= \lambda X
\end{aligned} \tag{j-5}$$

また、(j-3)、(j-4) より、(j-6) も成り立つ。

$$\begin{aligned}
dX &= \frac{\partial X}{\partial L}dL + \frac{\partial X}{\partial K}dK \\
&= \frac{w}{\lambda}dL + \frac{r}{\lambda}dK \\
& w\frac{\partial L}{\partial X} + r\frac{\partial K}{\partial X} = \lambda
\end{aligned} \tag{j-6}$$

したがって、限界費用は、(j-7) のように定数に一致する。

$$\frac{dc(X)}{dX} = w\frac{\partial L^*}{\partial X} + r\frac{\partial K^*}{\partial X} = \lambda \tag{j-7}$$

このとき、合成財の価格を P とすれば、企業の利潤関数を次のように表すことができる。

$$\Pi(X) = PX - c(X) \tag{j-8}$$

企業の利潤極大化行動の1階条件より、価格は限界費用に一致する。

$$\frac{\partial \Pi}{\partial X}=P-\frac{dc}{dX}=0 \tag{j-9}$$

$$P=\frac{dc}{dX}=\lambda$$

よって、費用関数は (j-10) のように価格と生産量の積で表される。

$$c(X)=PX \tag{j-10}$$

したがって、単位費用関数は (j-11) のように価格に一致することが分かる。

$$C(X)=\frac{c(X)}{X}=P \tag{j-11}$$

参考文献

Beckmann, M. J. (1973): "Equilibrium Models of Residential Land Use," *Regional and Urban Economics*, Vol.3, No.4, 361-368.

Blomquist, Glenn C., Berger, Mark C. and Hoehn, John P. (1988): "New Estimates of Quality of Life in Urban Areas," *American Economic Review*, March, 78, 89-107.

Fujita, Masahisa (1989): *Urban Economic Theory —Land Use and City Size*, Cambridge University Press.

Fukatsu, Atsumi (2002): "Revived-Urbanization of the Three Largest Metropolitan Areas in Japan: Roxy-index Analysis,"『応用地域学研究』No.7, 111-119.

Greene, W. H. (2000): *Econometric Analysis, fourth edition*, Prentice Hall International, Inc..

Greenwood, M. J., G. L. Hunt and D. S. Rickman (1991): "Migration, Regional Equilibrium, and the Estimation of Compensating Differetials," *American Economic Review*, Vol.81, No.5, 1382-1390.

Hamilton, B, W. (1982): "Wasteful Commuting," *Journal of Political Economy*, 90(5), 1035-1053.

Kanemoto, Yoshitsugu (1980): *Theories of Urban Externalities*, North-Holland.

Kawashima, Tatsuhiko (1985): "Roxy Index: An Indicative Instru-ment to Measure the Speed of Spatial Concentration and Deconcentration of Population,"『学習院大学経済論集』第 22 巻第 2 号通巻 57 号.

Klaassen, L. H., J. A. Bourdrez and J.Volmuller (1981): *Transport and Reurbanisation*,

Gower Publishing Company Limited.
Klaassen, L. H., W. Molle and J. H. P. Paelink (1981): *Dynamics of Urban Development*, Gower Publishing Company Limited.
Mathur, V. K., and S. H. Stein (1991): "A Dynamic Interregional Theory of Migration and Population Growth," *Land Economics*, August, 67(3), 292-298.
Mills, Edwin S., and Hamilton, Bruce W. (1994): *Urban Economics, fifth edition*, HarperCollins College Publisher.
Porter, Michael, E. (1998): *On Competition*, Harvard Business School Press、日本語訳、竹内弘高 (1999)、『競争戦略論』Ⅰ、Ⅱ、ダイヤモンド社。
Roback, Jennifer (1982): "Wages, Rents, and the Quality of Life," *Journal of Political Economy*, Vol.90, No.6, 1257-1278.
Rosen, Sherwin (1974): "Hedonic Prices and Implicit Markets: Product Differentiation in Pure Competition," *Journal of Political Economy*, Vol.82, No.1, 1982, 34-55.
Rosen, Sherwin (1979): "Wage-based Indexes of Urban Quality of life," *Current Issues in Urban Economics*.
Tabuchi, Takatoshi and Yoshida, Atsushi (2000): "Separating Urban Agglomeration Economies in Consumption and Production," *Journal of Urban Economics*, 48, 70-84.
Tiebout, C. M. (1956): "A Pure Theory of Local Expenditure," *Journal of Political Economy*, 64, 416-424.

青山吉隆・中川大・松中亮治 (2003):『都市アメニティの経済学』、学芸出版社。
赤井伸郎・大竹文雄 (1995):「地域間環境格差の実証分析」、『日本経済研究』、No.30、94-137。
上山仁恵 (2002):「名古屋市における人口移動の要因分析」、『地域学研究』、日本地域学会、第32巻、第1号、277-291。
大河原透・鈴木勉 (1993):「東京圏における通勤時間の経済分析」、『住宅土地経済』、1993.冬号、10-16。
大城純男 (2002):「日本における都市属性の帰属価額推計と都市選好の推移」、Institute of Economics, Chukyo University, Discussion Paper, No.204。
大城純男 (2003):「一般均衡モデルによる日本の大都市のアメニティ評価」、『地域学研究』、日本地域学会、第33巻、第1号、305-315。
大友篤 (1997):『地域分析入門』改訂版、東洋経済新報社。
大野栄治編著 (2000):『環境経済評価の実務』、勁草書房。
加藤尚史 (1990):「都市生活の質の指標化」、『一橋論叢』、第103巻、690-714。
金本良嗣・中村良平・矢澤則彦 (1989):「ヘドニック・アプローチによる環境の価値の測定」、『環境科学会誌』、2(4)、251-266。

国土交通省（2002）：『平成12年（第9回）大都市交通センサスの集計結果』
大都市統計協議会編集発行：『大都市比較統計年表』（昭和63年、平成2、5、7、10、12年版）。
田中宏樹（2001）：『公的資本形成の政策評価』、PHP研究所。
富岡武志・佐々木公明（2003）：「人口移動を考慮した都市アメニティの経済学的評価」、『応用地域学研究』、応用地域学会、No.8(2)、33-44。
中村良平・田淵隆俊（1996）：『都市と地域の経済学』、有斐閣。
八田達夫（2006）：「都市回帰の経済学」、『都心回帰の経済学』、八田達夫編、日本経済新聞社、1-23。
肥田野登（1997）：『環境と社会資本の経済評価』、勁草書房。
蓑谷千凰彦（1997）：『計量経済学』、多賀出版。
宮尾尊弘（1985）：『現代都市経済学』、日本評論社。
宮本憲一（1989）：『環境経済学』、岩波書店。
山崎福寿・浅田義久編著（2003）：『都市再生の経済分析』、東洋経済新報社。
山田浩之・徳岡一幸（1984）：「戦後の日本における都市化の分析」、『地域学研究』、第14巻、199-184。
和合肇・伴金美（1998）：『TSPによる経済データの分析』、東京大学出版会。

第3章

人口移動関数の推定による都市環境の評価と都市政策

[首里城から市街地を望む(沖縄県那覇市)]

3.1 本章の目的と方法

3.1.1 研究目的

バブル崩壊以降減少傾向を示していた日本の大都市の人口は、1990年代後半以降（おおむね1995、1996年以降）再び増加に転じ、また、大都市周辺の郊外住宅地の人口が減少するなど、大都市への**人口再集中**が観察されている（大城（2003b）、八田（2006））。

人口を再集中させている要因として、一般的にはバブル崩壊以降の地価の下落が指摘されるものの、地域間人口移動研究で指摘されてきた所得格差や就業機会などの影響（伊藤（1990）など）や、都市経済学で重視される人口規模や集積の経済の効果など様々な要因が仮説として考えられる。

本章では、人口移動を引き起こす要因を統計的に分析し、近年の大都市への人口再集中の背景を分析する。また、それらの要因が経年的に構造変化したことを推定モデルの検定を通じて明らかにする。以上の分析結果をもとに大都市の地方政府の政策運営のための知見を整理する。

3.1.2 先行研究

地域環境が人口移動に与える影響を分析した研究としては、Greenwood et al. （1991）がある。彼らは、第2章で紹介した Roback（1982）における効用均等化によって人口純移動が0という現実には観察されない均衡状態を想定した推計ではなく、以下に示すように実際に観察される人口移動と賃金との関係から地域のアメニティを計量的に推計している。

$$\ln[(NLF_{a,t-1}+ECM_{a,t})/NLF_{a,t-1}]=\ln \lambda_a + \lambda_1 \ln RY_{a,t}+e_{a,t} \quad (3.1)$$

a：地域、 t：期、ECM：経済的移動人口（随伴者も含む）、
RY：相対的所得、NLF：労働力、e：誤差項

ただし、分析対象の人口からは軍人とその随伴者、65歳以上の高齢者、移民が除かれている。$\ln \lambda_a$は、人口移動に対するa地域のアメニティの相対的効果、すなわち$\ln \lambda_a < 0$の地域はアメニティが低く（amenity-poor）、$\ln \lambda_a > 0$の地域はアメニティが高い（amenity rich）ことを示している。(3.1)をもとに、1971年から1988年までの米国50州とワシントンD.C.のアメニティ評価を推計し、Roback（1982）モデルを基礎としたBlomquist et al.（1988）によるアメニティ評価の推計と比較し、両者の順位付けが異なっていることを示した[1]。

日本においては、富岡ほか（2003）が、人口移動式を（3.2）のように特定化し、クロスセクションで推計された係数をもとに、アメニティ評価額を求め、都市ごとの順位を比較している。

$$\Delta N_t^i / N_{t-1}^i = A^1 \Delta w_{t-1}^i + A^2 \Delta r_{t-1}^i + \sum_{m=1}^{M} A_m^3 \Delta s_{m,t-1}^i + e_t \qquad (3.2)$$

i：地域、t：期、N：人口、ΔN：社会移動による人口変化、
w：賃金、r：地価、m：アメニティの種類、
M：アメニティの種類の数、s：アメニティ指標値、
A^1, A^2, A^3：係数、e：誤差項

東北・関東地域の208都市について（3.2）をもとにアメニティ評価を分析し、川越市、佐倉市などを上位に、塩竈市、横須賀市などを下位に位置づけている。

3.1.3 研究方法

本章では、まず、人口動向統計に基づき大都市の人口移動状況を観察し、近年の都市への人口再集中と呼ばれる現象の実態を把握する。次に、いずれも単一期間における人口増減を対象としていた先行研究に対し、大都市の**人口移動関数**を3期に渡って推計することで、人口移動を生じさせる社会的環境要因と

---

[1] 第2章2.1.2を参照。

その変化を分析する。また、推計された人口移動関数の構造変化について検定することで、近年観察されている人口再集中の背後にある変化について統計的な観点から検討する。最後に結論および政策的インプリケーション、今後の課題を整理する。

3.2 人口動向統計に基づく人口再集中の実態

3.2.1 大都市圏人口の動向

　図3-1は、東京圏（東京都・神奈川県・埼玉県・千葉県）、大阪圏（大阪府・兵庫県・京都府・奈良県）、名古屋圏（愛知県・岐阜県・三重県）およびこれらを合計した3大都市圏における人口の**転入超過者数**の推移を示している[2]。高度成長期には3大都市圏合計で、年間40万人～60万人を超える転入超過が続いていたが、高度成長が終焉した1970年以降、転入超過は減少している。1976年には転入超過が一時マイナスに転じているが、その後1980年代後半に再びプラスに回復し、増加傾向にあった。1990年前後のバブル経済による地価高騰などのため再び転入超過は減少し、1993～1995年の3年間はマイナスに転じていた。その後は2002年までおおむね転入超過者数は継続的に増加している。この人口動向の変化が大都市圏への人口再集中として現在注目を集めている[3]。

3.2.2 大都市圏の中心都市人口の動向

　3大都市圏の中心都市である東京都区部、名古屋市、大阪市において、図3-2に示されているような**人口再集中**が観察されている。

---

[2] このような様々な都市圏の定義については、第1章1.3.3参照。
[3] 国勢調査によれば、2005年の人口が2000年より増加している都道府県は、上記3大都市圏に属する10都道府県（奈良県を除く）に、栃木県、静岡県、滋賀県（以上3県は広義の3大都市圏に属すると考えられる）、岡山県、福岡県、沖縄県を加えた16都道府県のみであり、他の県はすべて減少との結果となっており、近年の地方から大都市圏への人口集中の傾向を示している。

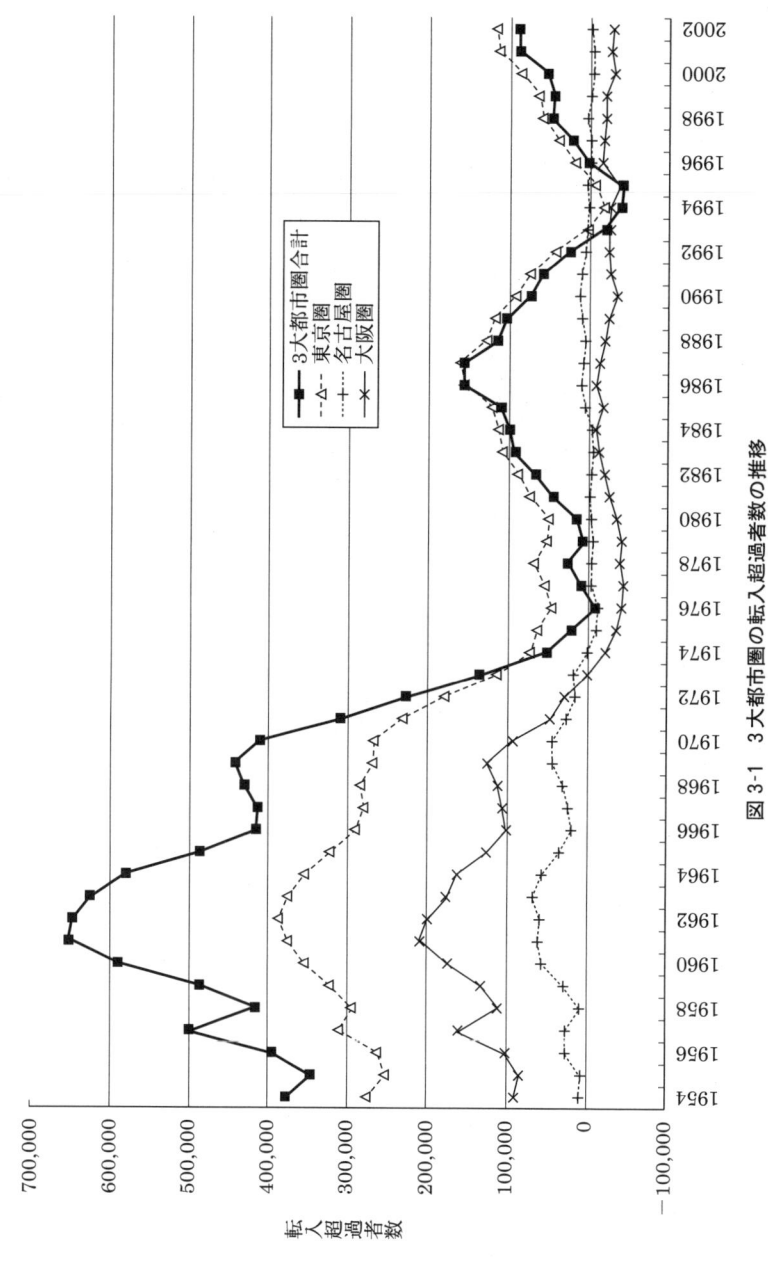

図 3-1　3大都市圏の転入超過者数の推移

資料：総務省統計局（2003）「住民基本台帳人口移動報告－平成14年結果」より作成

東京都区部人口の推移

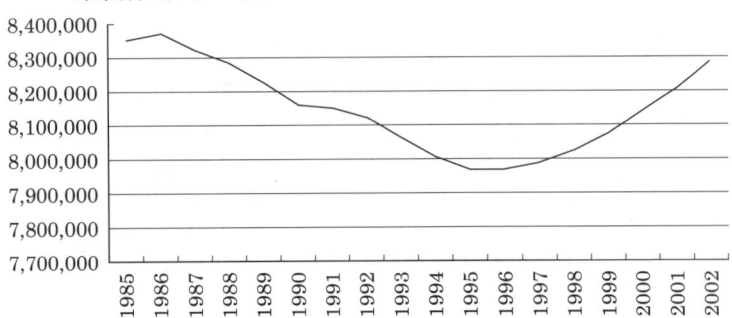

名古屋市人口の推移

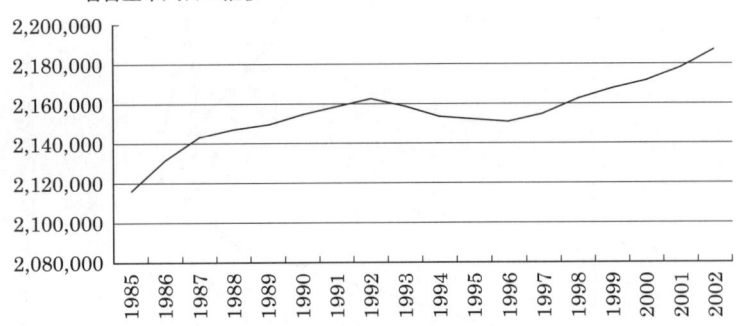

大阪市人口の推移

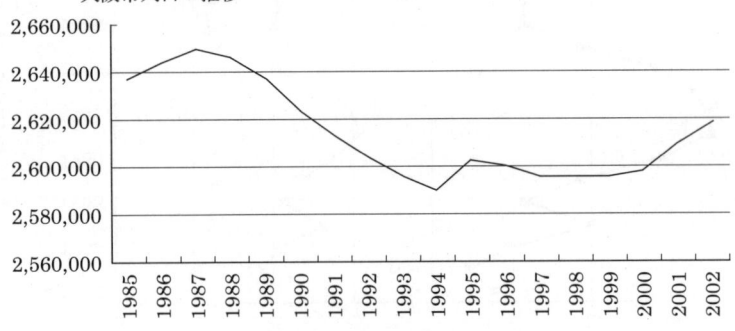

図3-2　3大中心都市の人口の推移
（出典）各都市推計人口による

東京圏の中心都市である東京都区部の人口は、1986年にピークを迎えた後、バブル期以降継続的に減少していたが、1995年に底を打った後、今日まで増加している。

名古屋圏の中心都市である名古屋市の人口は、バブル崩壊直後の1992年にピークを示し、その後減少傾向にあった1996年に底を打った後に反転し、継続的に増加している。

大阪圏の中心都市である大阪市の人口は、前2都市よりは数年遅れて、1999年を底にして現在まで毎年増加している。

3大都市圏の中心都市の人口は、いずれも1995年から1999年にかけて減少から増加へ反転し、今日までそのまま増加していることが特徴的である。

3.2.3 東京都内における地域別人口動向

国勢調査に基づく東京都の地域区分別人口推移を表3-1および図3-3に示す。東京都の人口総数は、長期的な増加傾向にあったが、1995年には減少し、2000年には再び増加に転じている。さらに、区部人口については、1965年以

表 3-1 東京都地域別人口の推移（国勢調査）

(単位：人)

調査年	人口 総数	区部	市郡部	対前回調査増減 総数	区部	市郡部
1960年	9,683,802	8,310,027	1,373,775	1,646,718	1,340,923	305,795
1965年	10,869,244	8,893,094	1,976,150	1,185,442	583,067	602,375
1970年	11,408,071	8,840,942	2,567,129	538,827	−52,152	590,979
1975年	11,673,554	8,646,520	3,027,034	265,483	−194,422	459,905
1980年	11,618,281	8,351,893	3,266,388	−55,273	−294,627	239,354
1985年	11,829,363	8,354,615	3,474,748	211,082	2,722	208,360
1990年	11,855,563	8,163,573	3,691,990	26,200	−191,042	217,242
1995年	11,773,605	7,967,614	3,805,991	−81,958	−195,959	114,001
2000年	12,059,237	8,130,408	3,928,829	285,632	162,794	122,838

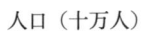

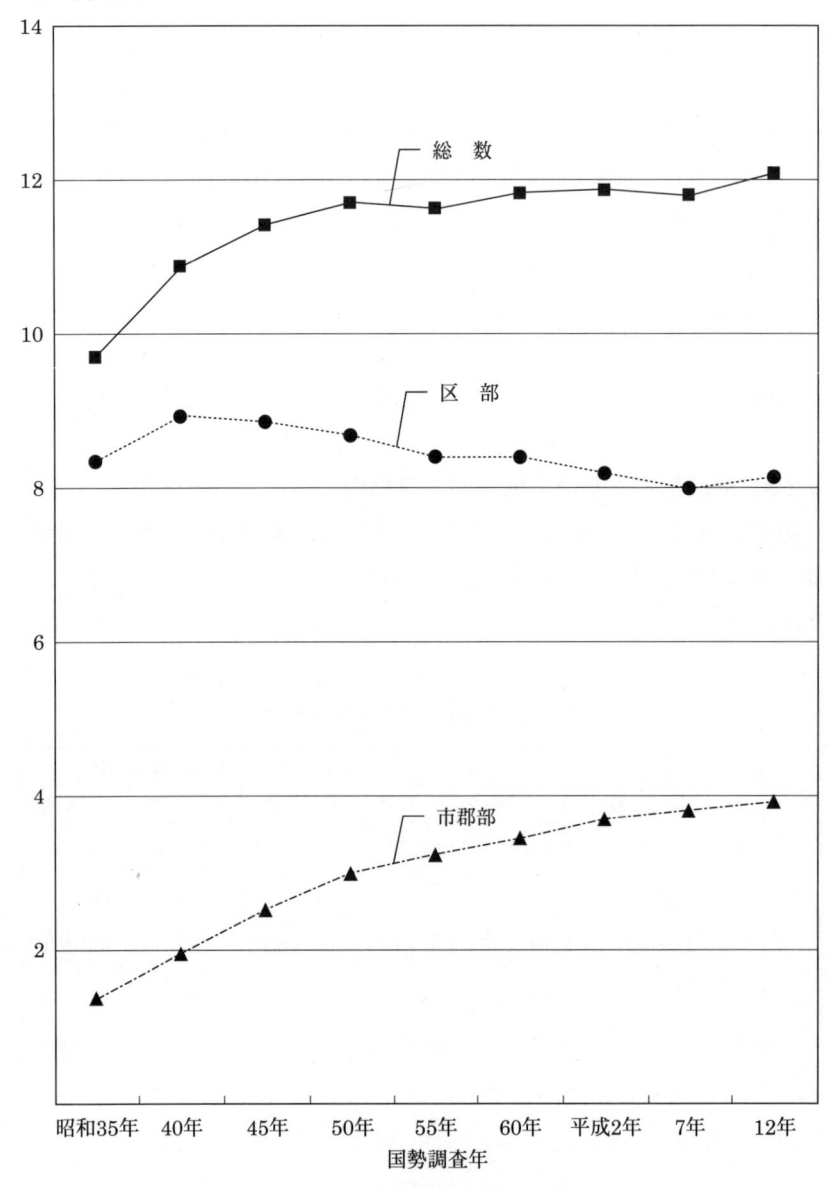

図 3-3　東京都地域別人口の推移

降ほぼ一貫して減少傾向にあったが、1995年から2000年の間に一転して増加している。その増加数は16万人を超えている。特別区ごとに人口動向を検討すると、1975年以降、毎回の国勢調査で、23区のうち20前後の区で人口減少が続いていたが、1995年から2000年の間では、19区で人口が増加するという顕著な人口反転増加現象が生じている。

3.2.4 名古屋市を中心とした人口移動の動向

住民基本台帳の異動を基礎とした人口動向調査から求めた名古屋市を中心とした移動による人口増減の対象地域別寄与率・変動係数を**表3-2**にまとめた。

1990年から2000年への人口増加（それぞれ対前年）は自然増加の減少を超える社会増加によってもたらされていることが分かる。また、この社会増加の内訳をみると、「名古屋圏内」、「対2大都市圏（東京圏と大阪圏）」、「対大都市圏以外」の中では「名古屋圏内」の寄与が最も大きい。これは、近年の人口再集中が、地方から大都市への住民の移動の増加ではなく、同一の都市圏の中での郊外都市と中心都市の間での人口移動によって引き起こされていることを示している。名古屋圏の中で、名古屋市を中心として岐阜県および三重県との間の転出入超過についてみると、1990年には-1,520人、-649人と転出超過であったが、2000年には+329人、+512人と転入超過に転じている。これらは、近年指摘されている「人口都市回帰」、「郊外型ニュータウンの衰退」などの動きと符合し、大都市への人口再集中を裏付ける現象として注目されている。

3.3 実証分析

3.3.1 モデル

近年の日本における大都市への人口再集中の要因を統計的に分析するため、大都市圏の中心都市である東京都区部と政令指定都市を対象として、(3.3)に

表 3-2 名古屋市を中心とした移動による人口増減の対象地域別寄与率・変動係数

(1) 人口増減への寄与率 (単位：人)

区　分	1990	2000	増減	寄与率	変動係数
人　口	2,154,664	2,171,378	16,714	—	0.4
人口増減（それぞれ対前年）	491	6,335	5,844	100.0%	85.6
自然増減	10,029	5,495	−4,534	−77.6%	29.2
出　生	23,025	20,858	−2,167	−37.1%	4.9
死　亡	12,996	15,363	2,367	−40.5%	8.3
社会増減	−9,538	840	10,378	177.6%	119.3
移動以外の増減	922	794	−128	−2.2%	7.5
移動による増減	−10,460	46	10,506	179.8%	100.9

(2) 移動対象地域別転出入の寄与率

区　分		1990	2000	増減	寄与率	変動係数
移動による増減（再掲）		−10,460	46	10,506	100.0%	100.9
名古屋圏（東海3県）	都市圏内	−12,926	−2,703	10,223	97.3%	65.4
愛知県（名古屋市外）		−10,757	−3,544	7,213	68.7%	50.4
岐阜県		−1,520	329	1,849	17.6%	155.2
三重県		−649	512	1,161	11.1%	847.4
名古屋都市圏外		407	659	252	2.4%	23.6
2大都市圏	対2大都市圏	−2,914	−1,758	1,156	11.0%	24.7
関東地方		−3,366	−2,541	825	7.9%	14.0
うち東京都区部		−546	−1,030	−484	−4.6%	30.7
うち横浜市		−621	−546	75	0.7%	6.4
近畿地方		452	783	331	3.2%	26.8
うち大阪市		109	9	−100	−1.0%	84.7
うち京都市		50	67	17	0.2%	14.5
大都市圏以外	対大都市圏外	3,321	2,417	−904	−8.6%	15.8
静岡県		202	509	307	2.9%	43.2
北陸・東山地方		508	616	108	1.0%	9.6
九州地方		1,569	238	−1,331	−12.7%	73.7
中国地方		190	533	343	3.3%	47.4
その他		852	521	−331	−3.2%	24.1
国　外		2,059	2,090	31	0.3%	0.7

(出典) 愛知県企画振興部『あいちの人口（年報）—愛知県人口動向調査結果』平成2年、12年）
注） 寄与率＝（各変数の増減／全体の増減）×100%
　　変動係数＝（各変数の標準偏差／各変数の平均値）×100
　　木下（1996）、森棟（1990）を参照。

示す人口移動関数を推定する。すなわち、人口増減率（t 年）を被説明変数とし、都市の諸属性を説明変数（$(t-1)$ 年）として、重回帰分析（最小自乗法）を行う。すなわち、説明変数とした要因が、翌年の人口移動に影響を与えるとの仮説に基づきモデルを構築した。分析対象期間は 20 世紀最後の約 10 年間のうち、第 1 期（1988、1990 年）、第 2 期（1993、1995 年）、第 3 期（1998、2000 年）の 3 期とし、それぞれの期ごとに係数を求め、その変化を観察する。

$$\Delta N_{i,t}/N_{i,t-1} = \alpha + \sum_{f=1}^{n} \beta^f X_{i,t-1}^f + u_{i,t} \tag{3.3}$$

$\Delta N_{i,t}$：i 都市の t 年の人口移動による人口増減数、
$N_{i,t-1}$：$(t-1)$ 年の人口、$X_{i,t-1}^f$：$(t-1)$ 年の f 番目の要因変数、
β^f：係数、n：要因の種類の数、α：定数項、$u_{i,t}$：誤差項

3.3.2 データの意味付けとその出典、加工

データの意味付けとその出典を表 3-3 にまとめる。回帰分析において自由度を確保するために、第 1 期から第 3 期において、それぞれ 2 年のデータをとっている（例えば第 3 期においては 1998 年と 2000 年で、計 26 サンプル）。データの出典は、主に『大都市比較統計年表』（各年／大都市統計協議会）によっている。データの分散の差を排除するために、(3.4) のように説明変数を標準化した。

$$X_{i,t}^f = 50 + (Y_{i,t}^f - \bar{y}_t^f) \times 10/\sigma_t^f \tag{3.4}$$

$Y_{i,t}^f$：i 都市における f 番目の要因変数、
$\bar{y}_t^f$：f 番目の要因変数の平均値、σ_t^f：f 番目の要因変数の標準偏差

表 3-3 データの意味付けと出典・年次

変数の区分	変数の名称	変数の意味付け	データの出典等	データの説明	単位	対象期 第1期	対象期 第2期	対象期 第3期
被説明変数	人口社会増加率	人口移動による人口成長率	推計人口	説明変数データの翌年の人口移動による人口増加率	‰	1989、1991	1994、1996	1999、2001
説明変数	人口規模	都市規模、市場規模、都市システム	推計人口	国勢調査人口に住民基本台帳人口移動を加味したもの	人	1988、1990	1993、1995	1998、2000
説明変数	人口密度	集積、混雑	推計人口	推計人口/市域面積	人/km	1988、1990	1993、1995	1998、2000
説明変数	公示地価（住宅地平均）	地価、Capitalization	地価公示	国土庁土地鑑定委員会の評価	円/m²	1988、1990	1993、1995	1998、2000
説明変数	単独世帯率	1人世帯のシェア	国勢調査	単独世帯数/一般世帯数	%	1990	1995	2000
説明変数	高齢化率	高齢化の進展度	国勢調査	65歳以上人口/全人口	%	1990	1995	2000
説明変数	就業者第3次産業シェア	サービス経済化、Product Variety	国勢調査	3次産業就業人口/全就業人口	%	1990	1995	2000
説明変数	市民所得（1人当り）	所得水準、生産性	市民経済計算	個人所得、企業所得を含む	円/人	1987、1989	1992、1994	1997、1999
説明変数	有効求人倍率	就業機会、地域の雇用力	職業安定業務統計	有効求人数/有効求職者数	―	1988、1990	1993、1995	1998、2000

3.3.3 人口移動関数の推定結果

人口移動関数を回帰分析（最小自乗法）により推定した結果を**表 3-4**に示す。

表 3-4について、説明変数ごとにみていくと、「人口規模」については、第1期において係数が負だったが、第2、3期においては正に転じている。これは、第1期から第2期、3期へ、人口規模の大きな都市を居住地として選ぶように消費者の選好が変化してきていることを示している。

「人口密度」については、第1期、第2期には有意な係数が得られていないが、第3期に有意な正の係数が得られている。人口移動と人口密度の正の相関は大都市の集積の経済が選好されることを示し、近年の人口再集中と符合する。

表3-4 人口移動関数の推定結果（最小自乗法）

期	第 1 期		第 2 期		第 3 期	
年	1988、1990年		1993、1995年		1998、2000年	
説明変数	係数	t値	係数	t値	係数	t値
人口規模	−0.00068 ※※	−2.44	0.00028 ※※	2.42	0.00022 ※※	2.58
人口密度	0.00031	1.69	−0.00015	−1.50	0.00016 ※※	2.45
平均公示地価（住宅地）	0.00075 ※※	2.78	−0.00029 ※※	−2.63	0.00006	0.73
単独世帯率	−0.00030 ※※	−3.01	0.00009	1.54	−0.00011 ※※	−2.64
高齢化率	−0.00063 ※※	−7.63	−0.00014 ※※	−2.68	−0.00022 ※※	−5.69
就業者第3次産業シェア	0.00035 ※※	3.08	0.00002	0.38	0.00008 ※	1.74
1人当り市民所得	−0.00034 ※※	−2.70	−0.00002	−0.29	−0.00024 ※※	−3.76
有効求人倍率	−0.00023 ※※	−2.90	−0.00008	−1.29	−0.00003	−0.74
決定係数	0.859		0.691		0.816	
自由度調整済み決定係数	0.779		0.537		0.729	
サンプル数	23		25		26	

注：※※は5%の水準で、※は10%水準で有意であることを示す。
阪神淡路大震災に被災した1995年の神戸市はサンプルから除外。
仙台市・千葉市は、政令都市に指定された年からサンプルに加えた。

「平均公示地価」の係数は、第1期に正、第2期に負に転じているが、第3期は有意な係数が得られなくなっている。**土地神話の崩壊**により、居住地選択の要素としての地価の相対的ウェイトが低下していると考えられる。

「単独世帯率」は第1期と第3期で有意な負の係数が示されている。高い単独世帯率は1世帯当り構成員数が少ないことを表しているが、その原因は必ずしも明らかではない。

「高齢化率」については、3期にわたって有意な負の係数が得られている。高齢化の進んだ都市が移動先として選好されていないことを示している。

「就業者第3次産業シェア」は、第1期と第3期で有意な正の係数が得られた。都市的業態や**サービス経済化**の進んだ都市、**消費の多様性**を享受できる都市が人口を吸引する力を持っていることを示している。

「1人当り市民所得」や「有効求人倍率」は、係数が負、または有意でないとの結果を示しており、近年の都市への人口再集中の要因が、「所得格差」や「就

業機会」が人口移動の重要な要因になっていた高度成長期とは異なることを反映している[4]。これは、**表3-2**に示されているように、名古屋市を中心として「大都市圏以外」との人口移動の人口増加寄与率が負となっていることと符合している。換言すれば、就業の機会や高い所得を求めて地方から大都市へ住民が転居するという移動要因の影響は以前よりも小さくなっている。

3.3.4 構造変化のチャウ・テストの結果

人口移動関数の推計において、第1期と第2期、第2期と第3期の間で**チャウ・テスト**（Chow Test：構造変化のF検定）を行い構造変化の有無を検討したところ、**表3-5**のような結果が得られ、有意水準1%で構造変化があったことが確認された[5]。これは、近年の人口移動を説明する諸要因の相対的重み等の構造に明確な変化が生じたことを示しており、住民の居住地選好の変化を示唆しているものと考えられる。

表3-5　人口移動関数の推定における構造変化の分析（チャウ・テスト）

期	第1期	第2期	第3期
年	1988、1990年	1993、1995年	1998、2000年
第1期→第2期	F(9,30)=4.531		
第2期→第3期	—	F(9,33)=5.664	

---

4) 伊藤（1990）は、日本の戦後の人口移動要因として、高度成長期には所得格差が大きかったが、1970年代以降は小さくなっていることを示した。

5) 全期間 $T(=T_1+T_2)$ で推定したモデルの残差平方和を SSR_T とし、T_1 個の観測値で推定したときの残差平方和を SSR_1、T_2 個の観測値で推定したときの残差平方和を SSR_2 とする。説明変数の数を K とすると、説明変数 X は $T \times K$ の説明変数行列である。帰無仮説 H_0（同時仮説）の下で、次の統計量 C は、$F(K, T\text{-}2K)$ 分布に従う。C はチャウ・テストと呼ばれる（Greene（2000）、和合・伴（1988））。

$$C = \left(\frac{SSR_T - (SSR_1 - SSR_2)}{SSR_1 + SSR_2}\right)\left(\frac{T-2K}{K}\right)$$

3.4 結論と今後の課題

3.4.1 結論

① 3.2では、近年の大都市への人口再集中が、自然増減ではなく、社会増減（人口移動）によって生じていること、また、社会増減のうち、主に都市圏内の人口移動、特に中心都市から郊外への人口移動が減少しているためにもたらされていることを示した。

② 3.3では、大都市への人口再集中に影響を与えていると考えられる諸要因を説明変数として、13大都市を対象に人口移動関数を回帰分析により推計した。第3期では、「人口規模」、「人口密度」、「就業者第3次産業シェア」について正の係数が、「高齢化率」、「1人当たり市民所得」については負の係数が得られ、人口再集中の要因として挙げられる要因の内、大都市の集積の経済は住民に選好されているものの、所得や就業機会などはその要因とはなっていないことを実証した。

3.4.2 政策的インプリケーション

① 日本の総人口は既に減少に転じているが、人々は消費の多様性などを求めて、人口規模が大きく人口密度の高い地域に今後も集中して行くと考えられるため、地方政府にはこれらの人口動向への対応が求められている。

② 近年の人口再集中は、主に中心都市住民の郊外への移動が縮小したことによってもたらされているものであるから、大都市の地方政府が人口規模・人口密度を維持・上昇させるには、現在の都市居住者が都市外へ移動してしまわないように重点的に行政サービスを提供したり、郊外に対する優位性を情報提供することなどが効果的である。

③ 住民は就業者第3次産業シェアに象徴される「サービス経済化」や「消費の多様性」を強く選好している。大都市の地方政府にはこれらを推進するような産業振興施策が期待される。

3.4.3 今後の課題

① 本章では、行政区域としての市を都市の単位として人口移動関数を推定した。このように市を単位することについては、同一の地方政府から提供されるサービスを消費できるという点で意義のあるものだと考えられるが、併せて、隣接市町村とのスピルオーバーなどを考慮した大都市圏を単位とした分析も必要である。

② 本章では、各都市の年齢階層別人口移動統計を利用せずに分析を行ったが、就学・就職・結婚・住宅取得・退職など、住民のライフステージごとの住居移動理由に着目して、年齢階層別に人口移動を推計することで、さらに詳細な人口再集中要因の分析が可能になる。

参考文献

Beckmann, M. J. (1973) : "Equilibrium Models of Residential Land Use," *Regional and Urban Economics*, Vol.3, No.4, 361-368.

Blomquist, Glenn C., Berger, Mark C. and Hoehn, John P. (1988) : "New Estimates of Quality of Life in Urban Areas," *American Economic Review*, March, 78, 89-107.

Fujita, Masahisa (1989) : *Urban Economic Theory ―Land Use and City Size*, Cambridge University Press.

Fukatsu, Atsumi (2002) : "Revived-Urbanization of the Three Largest Metropolitan Areas in Japan : Roxy-index Analysis," 『応用地域学研究』No.7, 111-119.

Greene, W. H. (2000) : *Econometric Analysis, fourth edition*, Prentice Hall International, Inc., 290-291.

Greenwood, M. J., G. L. Hunt and D. S. Rickman (1991) : "Migration, Regional Equilibrium, and the Estimation of Compensating Differetials," *American Economic Review*, Vol.81, No.5, 1382-1390.

Hamilton, B, W. (1982) : "Wasteful Commuting," *Journal of Political Economy*, 90 (5), 1035-1053.

Kanemoto, Yoshitsugu (1980) : *Theories of Urban Externalities*, North -Holland.

Klaassen, L. H., J. A. Bourdrez and J.Volmuller (1981) : *Transport and Reurbanisation*, Gower Publishing Company Limited.

Klaassen, L. H., W. Molle and J. H. P. Paelink (1981) : *Dynamics of Urban Development*, Gower Publishing Company Limited.

Kawashima, Tatsuhiko (1985) : "Roxy Index : An Indicative Instrument to Measure the Speed of Spatial Concentration and Deconcentration of Population," 『学習院大学経済論集』、第22巻第2号、通巻57号。

Mathur, V. K., and S. H. Stein (1991): "A Dynamic Interregional Theory of Migration and Population Growth," *Land Economics*, August, 67 (3), 292-298.

Mills, Edwin S., and Hamilton, Bruce W.(1994): *Urban Economics, fifth edition*, Harper Collins College Publisher.

Porter, Michael, E. (1998): *On Competition*, Harvard Business School Press, 日本語訳、竹内弘高 (1999)、『競争戦略論』Ⅰ、Ⅱ、ダイヤモンド社。

Roback, Jennifer (1982): "Wages, Rents, and the Quality of Life," *Journal of Political Economy*, Vol.90, No.6, 1257-1278.

Rosen, Sherwin(1974): "Hedonic Prices and Implicit Markets: Product Differentiation in Pure Competition," *Journal of Political Economy*, Vol.82, No.1, 1982, 34-55.

Rosen, Sherwin (1979): "Wage-based Indexes od Urban Quality of life," *Current Issues in Urban Economics*.

Tiebout, C. M. (1956): "A Pure Theory of Local Expenditure," *Journal of Political Economy*, 64, 416-424.

愛知県企画振興部 (1991、2001):『あいちの人口 (年報) ―愛知県人口動向調査結果』(平成2年、12年)。

青山吉隆・中川大・松中亮治 (2003):『都市アメニティの経済学』、学芸出版社。

石川義孝編著 (2001):『人口移動転換の研究』、京都大学学術出版会。

伊多波良雄編著 (1999):『これからの政策評価システム』、中央経済社。

伊藤薫 (1990):「地域間分配所得格差と人口移動―所得格差説の再検討と年齢構造の重要性 (1955年～1986年)」、『経済科学』、名古屋大学、37、293-318。

植田和弘 (1996):『環境経済学』、岩波書店。

上山仁恵 (2002):「名古屋市における人口移動の要因分析」、『地域学研究』、日本地域学会、第32巻、第1号、277-291。

大河原透・鈴木勉 (1993):「東京圏における通勤時間の経済分析」、『住宅土地経済』、1993。冬号、10-16。

大城純男 (2000):「なぜ人々は再び都市に住み始めたか (発表要旨)」、『経済地理学年報』、経済地理学会、第46巻、第2号、P.138。

大城純男 (2003a):「日本における再都市化の諸要因分析～13大都市の『都心回帰』を中心に～(発表要旨)」、『経済地理学年報』、経済地理学会、第49巻、第3号、65-66。

大城純男 (2003b):「日本の大都市における人口再集中の分析 (大会報告ノート)」、『人口学研究』、日本人口学会、第33号、117-120。

大城純男 (2004):「日本の大都市における人口移動の構造変化と都市政策」、Institute of

Economics, Chukyo University, Discussion Paper, No.309。

各務和彦・福重元嗣（2001）：「人口移動からみた地域間環境格差」、Kobe University Discussion Paper, No.107。

木下宗七編（1996）：『入門統計学』、有斐閣。

国土交通省（2002）：『平成12年（第9回）大都市交通センサスの集計結果』

大都市統計協議会編集発行：『大都市比較統計年表』（昭和63年、平成2、5、7、10、12年版）。

富岡武志・佐々木公明（2003）：「人口移動を考慮した都市アメニティの経済学的評価」、『応用地域学研究』、応用地域学会、No.8(2)、33-44。

中村良平・田淵隆俊（1996）：『都市と地域の経済学』、有斐閣。

日本統計協会編集発行（2001）：『暮らし・住まい―大都市圏居住と共同住宅』、日本統計協会。

日本統計協会編集発行（2002）：『暮らし・住まい―家族のライフサイクルと住まい』、日本統計協会。

八田達夫（2006）：「都市回帰の経済学」、『都心回帰の経済学』、八田達夫編、日本経済新聞社、1-23。

森棟公夫（1990）：『統計学入門』、新世社。

宮尾尊弘（1985）『現代都市経済学』、日本評論社。

宮本憲一（1989）：『環境経済学』、岩波書店。

山田浩之・徳岡一幸（1984）：「戦後の日本における都市化の分析」、『地域学研究』、第14巻、199-184。

和合肇・伴金美（1998）：『TSPによる経済データの分析』、東京大学出版会、110-113。

第4章

社会資本と集積の経済の生産力効果 評価と都市政策

［シニョーリア広場のダビデ像（イタリア・フィレンツェ）］

4.1　本章の目的と方法

4.1.1　研究目的

近年、高速道路、港湾、都市公園などの社会資本について、重点化すべき社会資本整備の種類、公共投資の地域間配分、特に都市部と地方の間の配分バランスなどが問われてきた（岩本ほか（1996）など）。中央政府の都市部での社会資本ストックが不足しているという現状認識に基づき、重点施策の1つとして展開されている都市再生事業などについてもその妥当性が議論されている[1]。

本章では、こうした課題に応えるため、生産性の視点から都市環境、特に社会資本ストックおよび集積の経済の効果を評価する[2]。

評価の手法としては、社会資本ストックおよび都市の集積の指標である都市規模と産業の地域特化を説明変数に組み込んだ**生産関数を推定**することにより、これらの**生産力効果**を推計する。

社会資本ストックと集積の経済の生産力効果については、都市規模および業種によって大きく異なることが想定されるため、都市規模区分別および産業大分類別に生産関数を推定する。これにより、規模の異なる都市や業種ごとに、公共投資や産業振興施策などに関する政策的インプリケーションを示すことができる。

具体的には、都市圏を単位とした産業大分類による都市規模区分別のデータを利用して生産関数を推定し、以下のような観点から生産力効果を推計する。

---

[1] 都市再生事業については、都市再生特別措置法（平成14年4月5日法律第22号）について言及した第1章1.1の脚注1を参照。相対的に地方に優先して配分されて来たといわれる公共投資について、生産性の水準に応じて都市部に重点的に配分しようという方針が背景にあると考えられる。

[2] 一般的に**集積の経済**（agglomeration economies）は、**地域特化の経済**（localization economy）と**都市化の経済**（urbanization economy）の2つに分類される（中村・田渕（1996）、佐々木・文（2000））が、本章では、都市規模と産業の地域特化について、その生産力効果を推計する。

(a) 都市規模別、産業大分類別の社会資本ストックの生産力効果を推計すること。社会資本全体だけでなく、「産業基盤型社会資本」と「生活基盤型社会資本」などの事業目的別や、道路、空港・港湾、上水道などの主要部門別の分類についてもその効果を推計する。
(b) 都市圏における集積の経済の生産力効果を推計すること。「都市規模の経済」、「地域特化の経済」の効果について、産業大分類別・都市規模区分別にその効果を推計する。

4.1.2 先行研究

日本における社会資本の生産力効果の分析については、以下の主要な研究がある。

浅子ほか（1994）は、都道府県データを用いて生産関数を推定し、社会資本の生産弾力性が0.1を若干上回ることなどを指摘した。

岩本ほか（1996）は、同じく都道府県データを用いて分析し、社会資本の生産力効果の推計結果が産業によって異なることを指摘し、近年、第1次産業・第3次産業では社会資本の正の生産力効果が観察されたが、第2次産業では生産力効果が観察されなかったとの結論を得ている。

吉野・中野（1994）は、全都道府県を9地域に区分したパネルデータに基づき、トランスログ型生産関数、労働所得シェア関数を同時推定して、生活関連公共投資は1人当たり所得の高い地域へ多く配分され、農林水産関連公共投資は1人当たり所得の低い地域へ多く配分されていること、社会資本の生産力効果のうち生産への直接の寄与を表す「**直接効果**」は東海・関西以西で統計的に有意な結果が得られ、民間設備投資誘発を通じた間接的な寄与を表す「**間接効果**」については有意な結果が得られなかったと指摘している。

集積の経済についての主要な先行研究として、以下の文献がある。

Nakamura（1983）は、日本の工業統計調査による中分類のデータから生産関数を推定し、軽工業では都市化の経済が、重工業では地域特化の経済が、生産の優位性をもたらしていることを示した。

Kanemoto et al.（1996）は、**Integrated Metropolitan Area (IMA ;「統合**

都市地域」）と呼ばれる都市圏の定義による日本の 1985 年時点でのデータベースを構築して生産関数を推定している。IMA の人口規模が 2 倍になったときの生産性の上昇率は、IMA の人口規模 20 万人未満、20～40 万人、40 万人以上の順にそれぞれ、約 1%、25%、7% であるとの結果を示し、人口規模により生産力効果が異なると結論している。

Glaeser et al.（1992）は、地域の成長理論を、①**マーシャル‐アロー‐ローマー理論**（Marshall-Arrow-Romer（MAR）theory）と②**ポーター理論**（Porter theory）、③**ジェイコブズ理論**（Jacobs theory）の 3 つに類型化し[3]、①では「地域特化」を、②では「地域内競争」を、③では「産業の多様性」を地域の成長をもたらす要因として提示している。1956年から1987年の米国の 170 都市のデータを分析し、②の「地域内競争」と③の「産業の多様性」は地域の成長をもたらしたが、①の「地域特化」にはそのような効果が認められなかったことを明らかにしている。

横山ほか（2003）は、Glaeser et al.（1992）の分析手法を 1990 年代の日本に適用し、①マーシャル‐アロー‐ローマー理論と②ポーター理論の有効性が棄却され、③ジェイコブズ理論が支持されたと結論付けている。

近年、**産業の集積度**（degree of geographic concentration）に関する研究も盛んに行われている。Ellison & Glaeser（1997）は、産業内の工場規模や企業の多様性などを考慮した新たな産業集積指数を提案し[4]、これを米国の製造業に適用して、「毛皮製品」・「ワイン・ブランデー・ブランデースピリッツ」

---

3) それぞれの理論については、Marshall（1890）、Arrow（1962）、Romer（1986、1990）、Porter（1990）、Jacobs（1969、1984）など参照。

4) 次のような産業ごとの集積度を測る指数を提案している。

$$\gamma \equiv \frac{G-\left(1-\sum_i x_i^2\right)H}{\left(1-\sum_i x_i^2\right)(1-H)} \equiv \frac{\sum_{i=1}^{M}(S_i-x_i)^2-\left(1-\sum_{i=1}^{M}x_i^2\right)\sum_{j=1}^{N}z_j^2}{\left(1-\sum_{i=1}^{M}x_i^2\right)\left(1-\sum_{j=1}^{N}z_j^2\right)}$$

i：地域、M：地域の総数、j：産業の種類、N：産業の種類の総数、
s：産業の雇用シェア、x：各地域での全産業雇用シェア、
z：各産業の企業規模

などの産業の集積度が高いことなどを示している。また、Maurel & Sedillot (1999) は、この指数を修正し、フランスの製造業について分析している。日本においては、徳永・阿久根 (2005) が、Ellison & Glaeser (1997) の産業集積指数を日本の製造業に適用し、集積度が高いのは「出版・印刷」や「なめし革等」であるなどの結果を得ている。中村・江島 (2004) では、様々な産業集積や多様性の指標などを整理し、工業中分類での日本の集積の生産力効果を推計し、異業種集積、同業種集積、都市集積の順に効果が大きいとの結果を得ている。

4.1.3 研究方法

本章では、コブ・ダグラス型の生産関数を推定することにより、社会資本ストックと集積の経済の生産力効果を評価する。

先行研究に示したように、都市の集積の経済の分析においては、詳細なデータが整備されている工業統計調査を利用した研究が多く、また、社会資本ストックの生産力効果分析においては、県民経済計算データを利用したクロスセクション分析が多く行われてきた。

工業統計を利用した分析については、そのデータの豊富さゆえの分析の成果が評価される一方で、統計対象が「製造業」に限られているため、例えば「製造業」と「卸売・小売業」や「サービス業」などの産業大分類の異なる業種の間の集積の経済効果が推計できないことなどが欠点として指摘されている。

都道府県を単位としたクロスセクション分析についても、生産上の地域単位としての一体性について疑義が存するところである。

先行研究の以上の欠点を克服するため、本章では、4.2.2 で詳述するように、大都市雇用圏ごとに産業大分類で時系列データが公表されている金本のホームページの大都市雇用圏データ[5]を利用して、実証分析を行う。大都市雇用圏は行政的な市と異なり、実質的な都市として経済活動や居住・就業上の一体性の認められる都市圏である[6]。そのデータを利用して都市の集積の経済や社会資

---

5) URL:http://www.e.u-tokyo.ac.jp/~kanemoto/MEA/uea_frame.htm
6) 都市の概念については、第 1 章 1.3.3 参照。

本の生産力効果を、産業大分類に区分して分析することによって先行研究からは導き得なかった結果が得られるはずである。

4.2 実証分析

4.2.1 モデル

各大都市雇用圏について、次のようなコブ・ダグラス型の生産関数を仮定する。

$$Y_{ij} = A_j K_{ij}^{\alpha_j} N_{ij}^{1-\alpha_j} G_i^{\beta_j} N_i^{\gamma_j} S_{ij}^{\delta_j} \tag{4.1}$$

i：大都市圏、j：産業分類、Y：生産額、A：定数、
K：民間資本ストック、N：就業者数、G：社会資本ストック、
S：地域特化係数、α、β、γ、δ：パラメータ

地域特化係数 S_{ij} は、産業 j の就業者数が全産業就業者数に占める割合について都市圏 i と全都市圏の比をとった指標であり、(4.2) によりデータから算出する。

$$S_{ij} = \left(N_{ij} \Big/ \sum_j N_{ij} \right) \Big/ \left(\sum_i N_{ij} \Big/ \sum_i \sum_j N_{ij} \right) \tag{4.2}$$

(4.1) の右辺のうち、$K_{ij}^{\alpha_j}$ は生産要素である民間資本の、$N_{ij}^{1-\alpha_j}$ は生産要素である労働の寄与を表している。$G_i^{\beta_j}$ は社会資本ストックの、$N_i^{\gamma_j}$ は総就業者数を代理変数とした都市規模の、$S_{ij}^{\delta_j}$ は地域特化係数を代理変数とした地域特化の生産力効果を表している。

(4.1) の左辺を1人当たり生産性とするために両辺を N_{ij} で除した後、両辺で対数をとり変形すると、対数線形式 (4.3) が得られる。

$$\mathrm{Ln}(Y_{ij}/N_{ij}) = a_0 + a_1 \ln(K_{ij}/N_{ij})$$
$$+ a_2 \ln(G_i/N_i) + a_3 \ln N_i + a_4 \ln S_{ij} \quad (4.3)$$

さらに、次のようにおけば、(4.4) となる。

$$Y_{ij}/N_{ij} = y_{ij},\ K_{ij}/N_{ij} = k_{ij},\ G_i/N_i = g_i$$
$$L_n y_{ij} = a_0 + a_1 \ln k_{ij} + a_2 \ln g_i + a_3 \ln N_i + a_4 \ln S_{ij} \quad (4.4)$$

生産関数の推定は (4.4) について行う。

(4.4) の右辺第3項は**社会資本ストック**の生産力効果を推定しようとするものであるが、j が付されていないのは、社会資本は全産業を通じて共同消費されるからである。第4項は総就業者数を代理変数とした都市規模の生産力効果を、第5項は地域特化係数を代理変数とした地域特化の生産力効果を推定しようとするものである。

(4.4) の推定により求められる係数の性質について順にみていくと、a_0 は定数項である。a_1 は生産性に対する民間資本装備率の弾性値を示す係数であり、正が予想される。a_2 は生産性に対する1人当たり社会資本の弾性値を示し、生産力効果があれば正となり、不効率な公共投資により生産性を向上させていない場合は係数が有意とならず、負となる可能性もある。a_3 は生産性に対する都市規模の弾性値を示す係数であり、生産力効果があれば正となる。a_4 は生産性に対する地域特化の弾性値を示す係数であり、生産力効果があれば正の係数が得られる。

4.2.2 大都市雇用圏（MEA）とデータベース

本章では、都市圏を単位としたパネルデータを活用して分析する[7]。都市圏の概念については、金本・徳岡（2002）によって定義された都市雇用圏（Urban Employment Area）を採用し、そのうち小都市雇用圏を除いた118

---

7) パネルデータとは、時系列とクロスセクションの両方をもつデータである。

の大都市雇用圏（Metropolitan Employment Area. 以下「118MEA」）を分析対象とする[8]。

人口規模の大きな都市圏、中位の都市圏、小さな都市圏における社会資本や都市の集積の経済の生産力効果を比較するために、さらに118MEAについて、全就業者数規模から見て上位40、中位39、下位39に3区分し、この3区分についても118MEAとあわせてパネルデータとして活用する。

前述のとおり、データは来間・大河原（2001）でデータの作成方法が示され、金本のホームページに掲載されているMEAデータを利用する。このデータベースの概要と本章での利用・加工等を表4-1に示す。産業分類別の分析に関して、都市的産業でない「鉱業」と、帰属家賃など推計的なデータが多くを占める「不動産業」については除外した。「農林水産業」については、都市的産業と対比するために推定対象とした。

4.2.3 推定方法

本章では、上記のデータを活用して**パネル分析**を行う。パネル分析により、都市圏ごとの特性を反映した個別効果（individual effects）や、時期ごとの特別な状況である時間効果（time effects）がコントロールされて、より豊富な結果が導き出されることが期待される。

本章のパネル分析においても、1980年から95年の間にバブル崩壊とその後の景気後退局面を経ているため、個別効果に併せて時間効果を組み込んだモデルを採用した。また、推定式ごとの個別効果につき、**固定効果モデル（fixed effects model）** と**変量効果モデル（random effects model）** のいずれを採用すべきかについては[9]、**ハウスマン検定（Hausman test）** によって選択した[10]。

---

[8] 都市雇用圏の定義については、第1章1.3.3参照。
[9] 生産性の差異を生じる個別効果につき、「固定効果モデル」は都市圏ごとの個別の要因が大きいとするモデルであり、「変量効果モデル」は確率的な要因によるとするモデルである（Greene（2000））。
[10] ハウスマン検定は、固定効果の推定量と変量効果の推定量の相違の程度をハウスマン統計量によって検定するものである（Greene（2000））。

表4-1 データの概要と加工

区分	来間・大河原（2001）によるデータ	本研究での採用データ・加工など
対象年	1980年、1985年、1990年、1995年	1980年、1985年、1990年、1995年（パネル・データ）
大都市雇用圏（MEA）	1995年時点での定義による（118MEA）	
産業分類	全産業、製造業、非製造業、農林水産業（農業、林業、水産業）、鉱業、建設業、電気・ガス・水道業、運輸・通信業、卸売・小売業、金融・保険業、不動産業、サービス業など。	全産業、製造業、非製造業、農林水産業、建設業、電気・ガス・水道業、運輸・通信業、卸売・小売業、金融・保険業、サービス業。（鉱業、不動産業などを除く。ただし、全産業、非製造業にはこれらを含む）
常住人口	国勢調査の常住人口の市町村データをMEAごとに集計	
就業者数	国勢調査の産業別・従業地別人口の市町村データをMEAごとに集計。	
生産額	県民経済計算の都道府県別の産業別生産額を、産業別就業者数により市町村に按分し、MEAごとに集計。1990年価格。	
1人当たり生産額	—	上記のMEA別の産業別生産額を、産業別就業者数で除する。
民間資本ストック	都道府県単位の民間資本ストックを、製造業と非製造業に分け、MEA単位の製造業生産額、非製造業生産額を用いて按分。1990年価格。都道府県単位の民間資本ストックそのものの推計方法は、大河原ほか（2001）を参照。	
1人当たり民間資本ストック	—	「1人当たり製造業民間資本ストック」は、製造業民間資本ストックを製造業就業者数で除した。「1人当たり非製造業民間資本ストック」は、非製造業民間資本ストックを非製造業就業者数で除した。
社会資本ストック	都道府県単位の12区分の社会資本ストックを、「農林業施設」は農林水産業生産額で、「産業基盤型社会資本ストック」は製造業生産額で、「生活基盤型社会資本ストック」は常住人口で按分。対応する市町村データのないものは総生産額により按分した。1990年価格。都道府県単位の社会資本ストックそのものの推計方法は、大河原ほか（2001）を参照。	
1人当たり社会資本ストック	—	「産業基盤型社会資本ストック」については産業別就業者数で除し、「生活基盤型社会資本ストック」については常住人口で除し、1人当り社会資本ストックを求めた。

注）社会資本の事業目的別区分については、『行政投資実績』（平成12年版）の事業目的別行政投資区分に準じて、「**産業基盤型社会資本**」では道路（国県道）、道路（有料道路）、空港・港湾を、「**運輸・通信社会資本**」では運輸・通信（旧2公社）、運輸・通信（その他）を、「**生活基盤型社会資本**」では道路（市町村道）、都市公園・自然公園・下水道、上水道、社会保険・社会福祉施設・学校・病院を集計した。

4.2.4 全産業などの概括的な生産関数の推定結果（全産業・製造業・非製造業／都市規模3区分別）

表4-2は、「全産業」と「製造業」・「非製造業」という産業区分について、「就業者1人当たりの生産額」を被説明変数とし、「都市規模」・「地域特化係数」・「1人当たり民間資本ストック」・「1人当たり社会資本ストック」を説明変数として、パネル分析により（4.4）の生産関数を推定した結果を示したものである。ここでは、これらの説明変数の効果を概観するために、大きな区分でのデータを使用しているため、社会資本ストックについては、事業目的区分や主要部門別の社会資本データは使用していない。都市圏の規模別については「118MEA」、「上位40MEA」、「中位39MEA」、「下位39MEA」に区分して生産関数を推定し、社会資本や集積の経済の生産力効果などが都市圏規模別に比較できるように示した。

「全産業」についての生産関数の推定結果が［4-1］式である。全産業が分析対象であるため、地域特化係数は求められないので、同特化係数の欄は空欄としている。民間資本ストックについては予想されたとおり正の有意な係数（0.502）が示された。また、都市規模については、下位39MEAを除き、118MEAも含めて、正の有意な係数（118MEAについて0.028など）が得られ、生産性について都市規模の経済が存在することが明らかにされた。社会資本ストックについては、118MEAにおいて負の有意な係数（－0.038）が示され、都市規模3区分では、いずれも有意な係数が得られていない。これは公共投資が生産性の向上よりも、所得再分配の目的で地域間配分されていることによる可能性があると考えられ、岩本ほか（1996）が都道府県クロスセクションで得た結果と同様の結果が、大都市雇用圏パネル分析でも得られたといえる。

「製造業」に関する推定結果が［4-2］式である。都市規模階層の高い大都市圏においては製造業が空洞化しているといわれ（中村・江島（2004））、製造業就業者数も減少傾向にある中で、都市規模と地域特化の効果について、負に有意であることも予想されたが、118MEAでは有意な係数が得られないとの結果であった。これを都市規模区分別にみると、上位40MEAのみ正の有意な係

第 4 章　社会資本と集積の経済の生産力効果評価と都市政策　*101*

表 4-2　生産関数の推定結果（全産業・製造業・非製造業／都市規模 3 区分）

推定式番号	[4-1]	[4-2]	[4-3]	[4-1]	[4-2]	[4-3]
産業区分	全産業	製造業	非製造業	全産業	製造業	非製造業
被説明変数	当該産業の就業者1人当たり生産額			当該産業の就業者1人当たり生産額		
対象 MEA	118MEA			上位 40MEA		
説明変数						
都市規模	0.028 ※※※ (3.81)	0.087 (1.09)	0.326 ※※※ (4.98)	0.202 ※ (1.66)	0.097 ※※※ (4.13)	0.542 ※※※ (3.92)
地域特化係数		−0.019 (−0.35)	−0.065 (−0.40)		0.134 ※※※ (2.66)	−0.692 ※ (−1.84)
民間資本ストック	0.502 ※※※ (27.67)	0.341 ※※※ (9.45)	0.323 ※※※ (10.30)	0.508 ※※※ (8.42)	0.341 ※※※ (9.88)	0.267 ※※※ (5.04)
社会資本ストック	−0.038 ※ (−1.70)	0.134 ※※※ (2.99)	0.146 ※※※ (3.47)	−0.091 (−1.29)	0.027 (0.50)	0.111 (1.52)
調整済み決定係数	0.805	0.941	0.895	0.929	0.937	0.900
採用モデル	random eff.	fixed eff.	fixed eff.	fixed eff.	random eff.	fixed eff.
Hausman test P-value	0.152	0.000	0.000	0.019	0.094	0.000
サンプル数	472	472	472	160	160	160
対象 MEA	中位 39MEA			下位 39MEA		
説明変数						
都市規模	0.265 ※※ (2.73)	0.056 (0.33)	0.514 ※※※ (4.81)	−0.049 (−1.33)	0.146 (1.21)	−0.049 (−0.05)
地域特化係数		−0.220 (−1.93)	−0.292 (−1.00)		0.018 (0.22)	0.035 (0.37)
民間資本ストック	0.403 ※※※ (7.10)	0.363 ※※※ (4.81)	0.268 ※※※ (5.61)	0.524 ※※※ (15.84)	0.333 ※※※ (5.63)	0.410 ※※※ (9.37)
社会資本ストック	0.050 (0.68)	0.156 ※ (1.69)	0.182 ※※※ (2.77)	−0.045 (−1.14)	0.131 ※ (1.73)	0.100 ※ (1.95)
調整済み決定係数	0.945	0.944	0.911	0.795	0.941	0.885
採用モデル	fixed eff.	fixed eff.	fixed eff.	random eff.	fixed eff.	random eff
Hausman test P-value	0.000	0.003	0.000	0.464	0.012	0.064
サンプル数	156	156	156	156	156	156

注）①※※※は 1％水準、※※は 5％水準、※は 10％水準の有意を示す。また（　）内は t 値。
　　②fixed eff. は fixed effects model の、random eff. は random effects model の略。
　　　Hausman test については、これらを選択するための検定統計量を P-value で示した（Greene(2000)）。

数（都市規模0.097、地域特化0.134）が得られ、都市規模と地域特化の生産力効果が示されたが、他方で、中位・下位MEAでは有意な結果が得られなかった。また、典型的な基盤産業である製造業における社会資本ストックの効果についてみると、上位40MEAを除き、他では正の有意な係数（118MEAで0.134、中位39MEAで0.156、下位39MEAで0.131）が示されており、人口規模階層の高い都市圏において、製造業の生産性を向上させる有効な公共投資が行われていないことを示唆していると考えられる。

「非製造業」（製造業以外の全産業）についての推定結果が［4-3］式である。都市規模について、下位39MEAを除き、正の有意な係数（118MEAで0.326、上位118MEAで0.542、中位39MEAで0.514）が得られた。社会資本については、上位40MEAを除き、正の有意な係数（118MEAで0.146、中位39MEAで0.182、下位39MEAで0.100）が示されたことが注目される。これは、上位40MEAにおいては、全産業、製造業、非製造業のいずれにおいても、社会資本ストックが生産性向上に有意に寄与していないとの結果となっており、都市規模の大きな都市圏に対して有効な公共投資が行われていないことを示唆していると考えられる。

4.2.5　事業目的別社会資本データに基づく生産関数の推定結果（産業大分類別／都市規模3区分別）

表4-3では、社会資本ストックについて、事業目的別に「産業基盤型」、「運輸・通信型」、「生活基盤型」の3つの類型に区分したデータを説明変数とし、「産業基盤型」や「生活基盤型」の生産性への寄与の有無に着目した分析の結果を示した。産業分類については、全産業、製造業のほか、農林水産業、卸売小売業などの産業大分類（鉱業、不動産業などの一部の分類を除く）のデータを使用し、産業ごとの社会資本や集積の経済の生産力効果を分析した。

「全産業」についての結果が［4-4］式である。本来生産性に寄与すると予想される産業基盤型社会資本の係数が、上位40MEAにおいては有意に負（−0.063）、そのほかは有意な係数が得られていないことが注目される。これ

は産業基盤型公共投資の配分が地域間所得再分配の目的で決定されていることによる可能性があると考えられる。また、生産への寄与よりも住民の効用の上昇を目的としていると考えられる生活基盤型社会資本についてみると、上位40MEAについてのみ正の有意な係数（0.139）が得られている。つまり、上位40MEAに関して、生産性への寄与が想定される産業基盤型社会資本ストックが生産性に寄与せず、生産性への寄与が想定されていない生活基盤型社会資本ストックが生産性に寄与しているという逆説的な結果となっている。

「製造業」についての結果が［4-5］式に示されている。上位40MEAを除き、産業基盤型社会資本の係数が有意に正との結果となっている。また、生活基盤型社会資本については、負の有意な係数（118MEAで−0.091、下位39MEAで−0.163）が得られたか、または係数が有意でないとの結果であった。上位40MEAに焦点を絞ってみると、3つの社会資本類型が、いずれも有意ではなく、生産性に寄与していないとの結果となっている。

「農林水産業」についての結果が［4-6］式に示されている。下位39MEAにおける運輸・通信型社会資本だけが負の有意な係数となっており、他の社会資本はすべて有意でないことが示されている。

「建設業」についての結果が［4-7］式に示されている。地域特化係数に着目すると、中位39MEAにおいて負の有意な係数が得られているが、他は有意でないとの結果となっている。また、社会資本の事業目的区分別でも、中位39MEAの生活基盤型を除き、係数が負に有意、または有意でないとの結果となっている。

「運輸・通信業」については［4-8］式に示されているとおり、上位40MEAにおいて都市規模が負の有意な係数であることが特徴であり、都市規模階層の高い大都市圏における交通混雑などによる不経済が反映していると考えられる。他方で、生活基盤型社会資本については、いずれのMEAでも正の有意な係数が得られており、道路（市町村道）の整備などが運輸業などの生産性を高めていることを示していると考えられる。

表 4-3　生産関数の推定結果（産業大分類／事業目的別社会資本／都市規模 3 区分）

推定式番号	[4-4]	[4-5]	[4-6]	[4-7]	[4-8]	[4-9]	[4-10]	[4-11]
産業区分	全産業	製造業	農林水産業	建設業	運輸・通信業	卸売・小売業	金融・保険業	サービス業
被説明変数				当該産業の就業者 1 人当たり生産額				
118MEA								
説明変数								
都市規模	0.133 *** (2.32)	0.116 (1.48)	−0.013 (−0.11)	−0.075 (−0.52)	0.051 (0.40)	0.365 *** (2.90)	0.364 *** (3.55)	0.509 *** (5.77)
地域特化係数	0.460 *** (12.95)	−0.049 (−0.94)	−0.022 (−0.29)	−0.203 (−1.45)	−0.172 * (−1.85)	0.591 *** (2.58)	−0.075 (−0.70)	−0.228 (−1.39)
民間資本ストック	0.460 *** (12.95)	0.415 *** (9.53)	0.265 *** (5.19)	0.290 *** (4.14)	0.277 *** (4.92)	0.413 *** (6.81)	0.218 *** (4.41)	0.245 *** (5.69)
社会資本ストック								
産業基盤型	−0.143 (−0.47)	0.158 *** (3.82)	−0.079 (−1.41)	−0.034 (−0.44)	0.028 (0.45)	0.011 (0.17)	0.117 *** (2.14)	−0.167 *** (−3.58)
運輸・通信型	0.002 (0.06)	0.106 *** (2.56)	−0.068 (−1.26)	−0.290 *** (−3.82)	0.074 (1.23)	−0.141 ** (−2.14)	−0.242 *** (−4.54)	0.081 * (1.81)
生活基盤型	0.013 (0.32)	−0.091 * (−1.75)	0.061 (0.96)	0.146 (1.64)	0.338 *** (4.72)	−0.253 *** (−3.29)	−0.207 *** (−3.31)	0.343 *** (6.28)
調整済み決定係数	fixed eff.	0.944	fixed eff.	0.696	fixed eff.	0.813	0.826	0.867
採用モデル	fixed eff.	fixed eff.	fixed eff.	fixed eff.	fixed eff.	fixed eff.	fixed eff.	fixed eff.
Hausman test P-value	0.004	0.000	0.000	0.002	0.000	0.000	0.000	0.000
サンプル数	472	472	472	472	472	472	472	472
上位 40MEA								
都市規模	0.056 *** (4.68)	0.084 *** (3.20)	−0.037 (−0.91)	0.161 (0.42)	−0.284 (−1.10)	0.831 *** (3.01)	0.180 ** (5.71)	1.046 *** (5.65)
地域特化係数		0.141 *** (2.83)	−0.104 ** (−2.23)	0.569 (1.58)	0.194 (0.94)	0.871 * (1.89)	−0.290 ** (−2.38)	0.196 (0.61)
民間資本ストック	0.375 *** (10.30)	0.411 *** (8.70)	0.144 *** (2.06)	0.490 *** (3.37)	0.372 *** (4.34)	3.321 *** (3.30)	0.094 (1.44)	0.172 *** (2.60)
社会資本ストック								
産業基盤型	−0.063 *** (−2.63)	−0.013 (−0.28)	0.047 (0.82)	0.048 (0.33)	0.013 (0.15)	0.005 (0.54)	0.050 (0.89)	−0.159 ** (−2.30)
運輸・通信型	−0.006 (−0.246)	0.066 (1.33)	−0.100 (−1.65)	−0.159 (−1.13)	−0.090 (−1.01)	−0.008 (−0.08)	−0.063 (−1.08)	0.206 *** (3.08)
生活基盤型	0.139 *** (3.65)	0.047 (0.74)	0.028 (0.35)	−0.141 (−0.66)	0.291 ** (2.35)	−0.265 * (1.82)	−0.013 (−0.16)	0.307 *** (3.19)
調整済み決定係数	0.856	0.714	0.204	0.705	0.891	0.887	0.446	0.934

第4章 社会資本と集積の経済の生産力効果評価と都市政策

中位 39MEA

		採用モデル	random eff.	random eff.	random eff.	fixed eff.	fixed eff.	fixed eff.	random eff.	fixed eff.
		Hausman test P-value	0.545	0.075	0.505	0.011	0.000	0.050	0.952	0.000
		サンプル数	160	160	160	160	160	160	160	160
	都市規模		0.062 (0.66)	0.107 (0.63)	0.279 (1.35)	−0.116 (−1.53)	−0.100 (−1.21)	0.287 (1.14)	0.991 ※※※ (5.32)	0.975 ※※※ (5.75)
	地域特化係数			−0.249 ※※ (−2.23)	−0.237 ※ (−1.92)	−0.252 ※※ (−2.57)	−0.039 (−0.46)	0.426 (1.01)	−0.382 ※※ (−2.19)	0.050 (0.14)
	民間資本ストック		0.575 ※※※ (8.47)	0.365 ※※※ (4.18)	0.261 ※※※ (3.14)	0.181 ※※※ (2.82)	0.300 ※※※ (4.85)	0.434 ※※※ (4.10)	0.099 (1.24)	0.188 ※※ (2.41)
社会資本ストック	産業基盤型		0.057 (0.87)	0.194 ※※ (2.09)	−0.028 (−0.23)	−0.128 ※※ (−2.07)	0.023 (0.35)	0.104 (0.66)	0.371 ※※※ (3.14)	−0.015 (−0.14)
	運輸・通信型		0.022 (0.44)	0.078 (1.01)	−0.031 (−0.33)	−0.084 (−1.47)	0.036 (0.62)	−0.189 (−1.56)	−0.212 ※※ (−2.28)	0.148 ※ (1.78)
	生活基盤型		0.038 (0.58)	−0.040 (−0.416)	0.019 (0.17)	0.371 ※※※ (4.34)	0.349 ※※※ (4.21)	−0.339 ※※ (−2.36)	−0.371 ※※※ (−3.44)	0.217 ※※ (2.13)
調整済み決定係数			0.945	0.946	0.859	0.500	0.634	0.748	0.810	0.823
採用モデル			fixed eff.	fixed eff.	fixed eff.	random eff.	random eff.	fixed eff.	fixed eff.	fixed eff.
Hausman test P-value			0.003	0.000	0.050	0.414	0.128	0.015	0.000	0.000
サンプル数			156	156	156	156	156	156	156	156

下位 39MEA

	都市規模		0.111 (0.95)	0.072 (0.42)	0.036 (0.17)	−0.042 (−0.82)	0.053 (0.64)	0.233 (1.47)	0.100 (0.69)	
	地域特化係数		−0.052 (−0.60)	0.315 ※※※ (2.76)	−0.310 (−1.60)	−0.013 (0.23)	0.554 ※※※ (2.82)	−0.217 (−1.26)	−0.523 ※※ (−2.38)	
	民間資本ストック		0.457 ※※※ (6.22)	0.410 ※※※ (4.89)	0.270 ※※※ (2.28)	0.159 ※※ (2.39)	0.356 ※※※ (4.01)	0.492 ※※※ (5.28)	0.408 ※※※ (5.21)	
社会資本ストック	産業基盤型		0.203 ※※※ (2.76)	−0.105 (−1.28)	−0.026 (−0.22)	0.061 (1.36)	−0.073 (−1.10)	−0.086 (−0.99)	−0.243 ※※※ (−3.19)	
	運輸・通信型		0.153 ※※ (2.18)	−0.142 ※ (−1.67)	−0.375 ※※※ (−3.03)	−0.069 (−1.40)	−0.149 ※※ (−2.16)	−0.359 ※※※ (−4.03)	−0.020 (−0.25)	
	生活基盤型		−0.163 ※ (−1.92)	−0.098 (−1.00)	0.133 (1.00)	0.382 ※※※ (4.61)	−0.118 (−1.08)	−0.217 ※※ (−2.18)	0.299 ※※※ (3.34)	
調整済み決定係数			0.945	0.899	0.721	0.621	0.118	0.839	0.798	
採用モデル			fixed eff.	fixed eff.	fixed eff.	random eff.	random eff.	fixed eff.	fixed eff.	
Hausman test P-value			0.000	0.002	0.012	0.115	0.081	0.015	0.000	
サンプル数			156	156	156	156	156	156	156	

典型的な都市型産業である「卸売・小売業」、「金融・保険業」、「サービス業」については、それぞれ [4-9]、[4-10]、[4-11] 式に推計結果を示した。都市規模については、118MEA、上位40MEAではともに正の有意な係数であることが共通である。社会資本のうち産業基盤型については、金融・保険業において正の有意な係数が得られたか、または有意でないとの結果となっているが、サービス業においては、おおむね負の有意な係数が示されている。他方、生活基盤型については、サービス業において、118MEAとすべての都市規模区分で正の有意な係数が得られたが、卸売・小売業、金融・保険業においては、負の有意な係数が得られたか、または有意でないとの結果となっている。よって、こうした都市型産業の生産性の水準については、社会資本の整備水準よりも、都市規模が決定的であることを示していると考えられる。

4.2.6 部門別社会資本データに基づく生産関数の推定結果（産業大分類別）

表4-4では118MEAのみを対象に、社会資本ストックをさらに「道路（国県道）」、「道路（市町村道）」、「空港・港湾」などの部門別に分類したパネルデータを基に推定した結果を示す。これにより、**部門別社会資本**の産業別生産性に対する寄与の差異を検討する。

「全産業」については [4-12] 式に結果を示した。社会資本のうち、「空港・港湾」、「社会保険・社会福祉施設・学校・病院」は負の有意な係数が推定されたが、「都市公園・自然公園・下水道」は正の有意な係数が示され、生産性の向上に寄与しているとの結果であった。

産業別に見ていくと、「製造業」の [4-13] 式では、やはり「都市公園・自然公園・下水道」は正の有意な係数が得られ、生産性の向上への寄与が示されたが、「社会保険・社会福祉施設等」は負の有意な係数が得られた。

「農林水産業」の [4-14] 式では、「道路（市町村道）」について正の有意な係数が得られており、生産性向上への寄与が示されているが、「道路（国県道）」については負の有意な係数が得られている。

表 4-4 生産関数の推定結果（産業大分類／主要部門別社会資本）

推定式番号	[4-12]	[4-13]	[4-14]	[4-15]	[4-16]	[4-17]	[4-18]	[4-19]
産業区分	全産業	製造業	農林水産業	建設業	運輸・通信業	卸売・小売業	金融・保険業	サービス業
被説明変数				当該産業の就業者1人当たり生産額				
説明変数								
都市規模	0.149 *** (2.58)	0.117 (1.43)	−0.057 (−0.510)	−0.009 (−0.06)	0.210 * (1.68)	0.411 *** (3.17)	0.181 * (1.74)	0.377 *** (4.56)
地域特化係数		−0.099 (−1.60)	0.042 (0.61)	−0.215 (−1.50)	−0.222 ** (−2.43)	0.413 * (1.80)	−0.119 (−1.13)	−0.23 (−1.59)
民間資本ストック	0.383 *** (9.92)	0.328 *** (7.02)	0.197 *** (4.19)	0.289 *** (3.86)	0.292 *** (5.22)	0.399 *** (6.37)	0.128 ** (2.57)	0.154 *** (3.88)
社会資本ストック								
産業基盤型								
道路（国県道）	−0.034 (−0.87)	0.092 (1.46)	0.075 (1.17)	−0.068 * (−0.66)	0.077 (0.99)	−0.19 ** (−2.17)	0.182 *** (2.64)	−0.139 ** (−2.54)
道路（有料道路）	0.008 (1.21)	0.014 (1.62)	−0.019 * (−1.74)	0.021 (−1.23)	0.029 ** (2.21)	0.037 ** (2.53)	−0.023 ** (−2.02)	−0.011 (−1.22)
空港・港湾	−0.320 *** (−2.67)	0.014 (0.88)	−0.145 *** (−7.36)	0.005 (0.17)	−0.112 *** (−4.70)	−0.021 (−0.80)	−0.019 (−0.93)	−0.095 *** (−5.71)
運輸・通信型	0.052 (1.61)	0.118 *** (2.59)	0.060 (1.09)	−0.321 *** (−3.65)	0.106 (1.60)	−0.156 ** (−2.09)	−0.064 (−1.08)	0.171 *** (3.65)
生活基盤型								
道路（市町村道）	0.049 (1.09)	0.064 (1.02)	0.193 *** (2.60)	−0.046 (−0.40)	−0.216 ** (−2.43)	0.050 (0.51)	0.286 *** (3.61)	0.409 *** (6.58)
都市公園・自然公園・下水道	0.116 *** (4.23)	0.0947 ** (2.41)	0.214 *** (4.86)	0.103 (1.48)	0.288 *** (5.48)	0.104 * (1.79)	−0.024 (−0.54)	0.178 *** (4.94)
上水道	−0.018 (−0.53)	−0.010 (−0.19)	0.080 (1.35)	0.068 (0.72)	0.149 ** (2.11)	0.134 * (1.69)	−0.264 *** (−4.19)	−0.032 (−0.65)
社会保険・社会福祉施設・学校・病院	−0.208 *** (−3.24)	−0.319 *** (−3.57)	−0.748 *** (−6.94)	−0.040 (0.24)	−0.020 (−0.15)	−0.585 *** (−4.01)	−0.408 *** (−3.53)	−0.419 *** (−4.68)
調整済み決定係数	0.941	0.945	0.879	0.694	0.854	0.822	0.884	0.896
採用モデル	fixed eff.	fixed eff.	fixed eff.	fixed eff.	fixed eff.	fixed eff.	fixed eff.	fixed eff.
Hausman test P-value	0.000	0.000	0.000	0.003	0.000	0.000	0.000	0.000
サンプル数	472	472	472	472	472	472	472	472

「運輸・通信業」の［4-16］式では、「道路（有料道路）」が、正の有意な係数を得ており、生産性の向上への寄与が示されている。

都市型産業についてみていくと、「卸売・小売業」の［4-17］式では「都市規模」、「地域特化係数」、「道路（有料道路）」、「都市公園・自然公園・下水道」などで正の有意な係数が得られている。

「金融・保険業」の［4-18］式では、「都市規模」、「道路（国県道）」、「道路（市町村道）」などが正の有意な係数となっている。

「サービス業」の［4-19］式については、「都市規模」、「道路（市町村道）」、「都市公園等」などが正の有意な係数が得られた。

表4-4全体では、生活基盤型の「道路（市町村道）」、「都市公園・自然公園・下水道」の生産性への寄与が高く、都市型産業においては、都市規模が高い有意性で生産性を向上させていることが特徴的である。

4.3 結論と今後の課題

4.3.1 推定結果の考察

表4-3の推定結果から、主な説明変数についての有意な係数（1人当たり生産額に対する弾性値）を、産業別にグラフにしたのが図4-1から図4-4である。有意でない係数は0とした。図4-1では、生産性に対する都市規模（全就業者数規模）の弾性値を、産業別・都市規模別に図式化した。全産業では、下位39MEAを除き、正の生産力効果が確認できる。「卸売・小売業」、「サービス業」では、特に40MEにおいて正の弾性値が示され、こうした産業が都市規模階層の高い大都市圏において優位性を持っていることが示されている。「金融・保険業」でも正の弾性値が示されているが上位40MEAよりも、中位39MEAにおいて高い弾性値が得られた。

第4章 社会資本と集積の経済の生産力効果評価と都市政策

都市規模の弾性値	全産業	製造業	農林水産業	建設業	運輸・通信業	卸売・小売業	金融・保険業	サービス業
118MEA	0.133	0	0	0	0	0.365	0.364	0.509
40MEA（上位）	0.056	0.084	0	0	−0.284	0.831	0.180	1.046
39MEA（中位）	0.274	0	0	0	0	0	0.991	0.975
39MEA（下位）	0	0	0	0	0	0	0	0

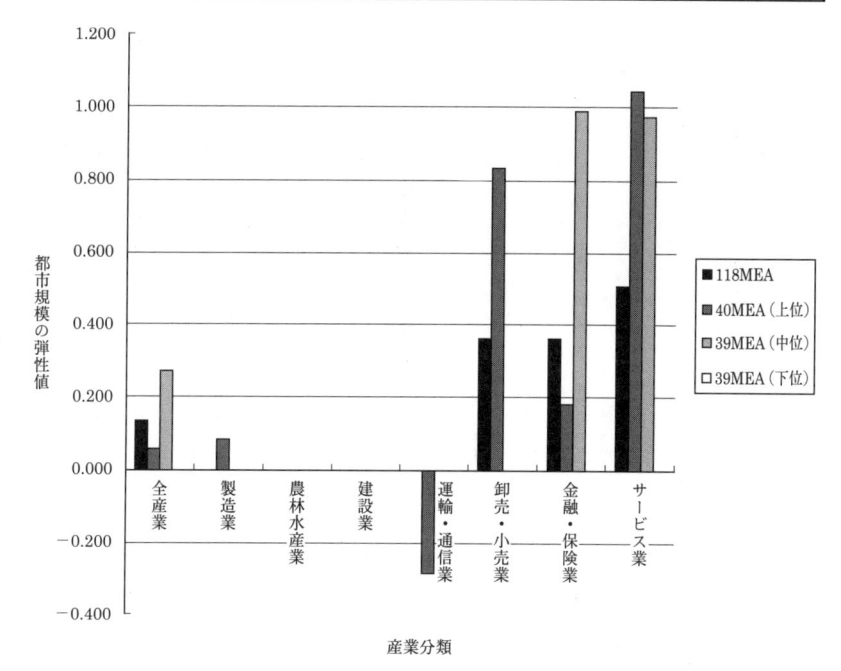

図4-1 都市規模の産業別・都市規模別生産力効果

図4-2では、生産性に対する当該産業の地域特化係数の弾性値を、産業別・都市規模別にグラフにして示している。「製造業」では上位40MEAにおいて正の弾性値が、中位39MEAにおいては負の弾性値が得られた。

「卸売・小売業」では地域特化が生産性に大きな効果を与えていることが注目される。これは、「卸売業」や「買回り品」などについて、都市規模階層の高い大都市圏での商業集積の効果が現れているものと解釈できる。

その他の産業では、負の弾性値か、有意でないとの結果が得られており、都

地域特化の弾性値	製造業	農林水産業	建設業	運輸・通信業	卸売・小売業	金融・保険業	サービス業
118MEA	0	0	0	−0.172	0.591	0	0
40MEA（上位）	0.141	−0.104	0	0	0.871	−0.290	0
39MEA（中位）	−0.249	−0.237	−0.252	0	0	−0.382	0
39MEA（下位）	0	0.315	0	−0.013	0.554	0	−0.523

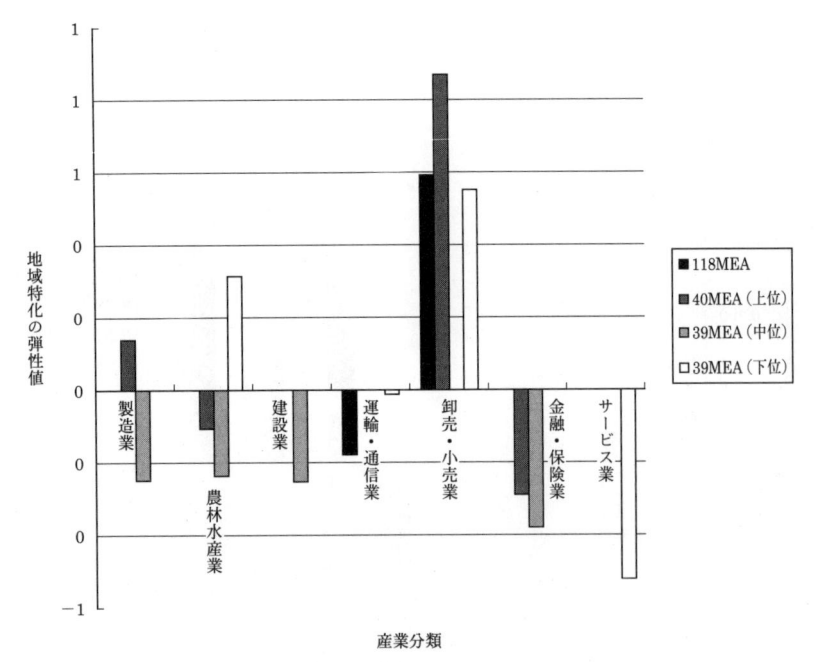

図4-2　地域特化の産業別・都市規模別生産力効果

市圏においては、産業の地域特化よりも、多様性が求められている可能性がある。

　図4-3では、生産性に対する産業基盤型社会資本ストックの弾性値を、産業別・都市規模別に示した。「製造業」および「金融・保険業」において概ね正の生産力効果がみられる。これと対照的に、「サービス業」においては概ね負の効果を示す結果が得られている。

産業基盤型社会資本の弾性値	製造業	農林水産業	建設業	運輸・通信業	卸売・小売業	金融・保険業	サービス業
118MEA	0.158	0	0	0	0	0.117	−0.167
40MEA（上位）	0	0	0	0	0	0	−0.159
39MEA（中位）	0.194	0	−0.128	0	0	0.371	0
39MEA（下位）	0.203	0	0	0	0	0	−0.243

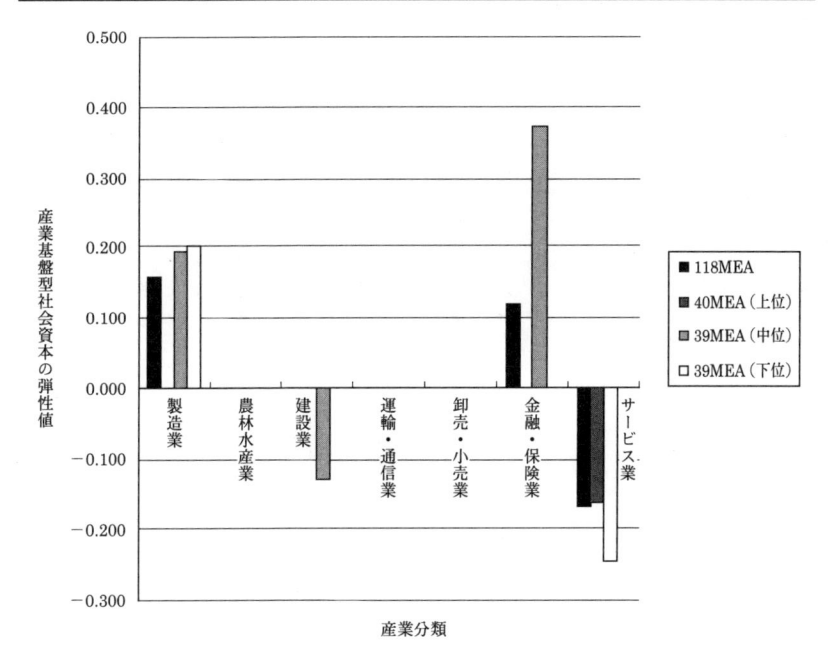

図4-3　産業基盤型社会資本ストックの産業別・都市規模別生産力効果

　図4-4では、生産性に対する生活基盤型社会資本ストックの弾性値を産業別・都市規模別に示した。本来は住民の効用の向上を図る社会資本であるが、「運輸・通信業」、「サービス業」において高い生産性への寄与を確認できる。他方、「卸売・小売業」、「金融・保険業」では概ね負の効果が示された。

生活基盤型社会資本の弾性値	製造業	農林水産業	建設業	運輸・通信業	卸売・小売業	金融・保険業	サービス業
118MEA	−0.091	0	0	0.338	−0.253	−0.207	0.343
40MEA（上位）	0	0	0	0.291	−0.265	0	0.307
39MEA（中位）	0	0	0.371	0.349	−0.339	−0.371	0.217
39MEA（下位）	−0.163	0	0	0.382	0	−0.217	0.299

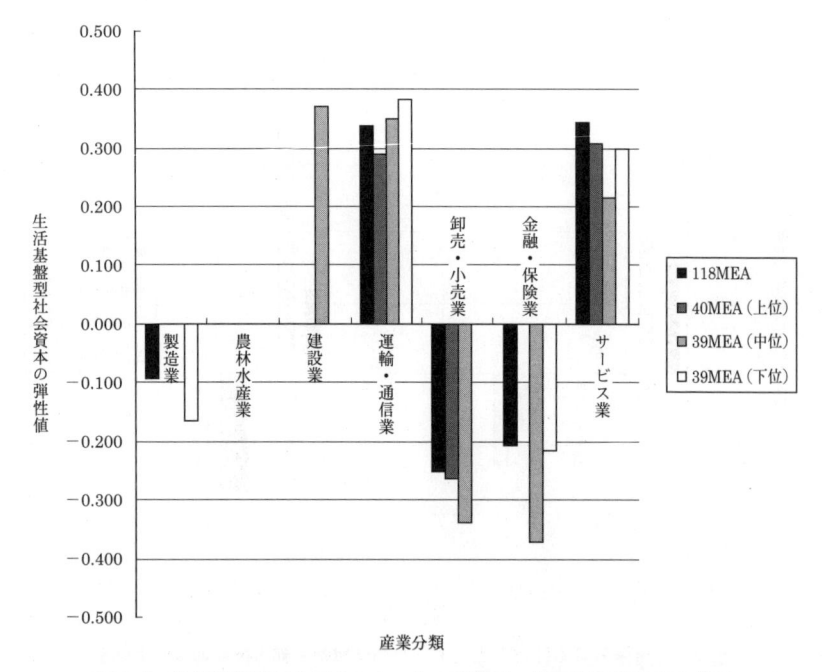

図4-4　生活基盤型社会資本ストックの産業別・都市規模別生産力効果

4.3.2　結論と政策的インプリケーション

　1980、85、90、95年の4期の118大都市雇用圏（MEA）のデータに基づき、パネル分析による生産関数推定を行い、次のような結論と政策的インプリケーションを得た。

　① 産業基盤型社会資本ストックに関して、製造業について正の生産力効果が確認できたが、その他の多くの産業については、概ね効果がないか、負の効果が示された（表4-3、表4-4、図4-3など）。

他方、生活基盤型社会資本ストックに関しては、運輸・通信業、サービス業について、すべての都市規模区分で有意な正の生産力効果が認められた。「道路（市町村道）」、「都市公園・自然公園・下水道」、「上水道」などの生活基盤型社会資本ストックが様々な産業に有意な生産力効果を与えていることが示された（表4-3、表4-4、図4-4など）。

中央・地方政府は、このような都市規模別、産業分類別の生産力効果の差異を認識し、産業基盤型と生活基盤型の配分、それらの地域間配分を調整し、限られた予算の中で公共投資をより効率化することが求められる。

② 都市規模（総就業者数規模）の正の生産力効果が確認できた。上位・中位MEAにおいて生産力効果が明確に示された（表4-3、図4-1など）。特に、都市型産業である「卸売・小売業」、「金融・保険業」、「サービス業」において、都市規模が生産性を高める要因になっていることが示された。よって、人口規模の大きな都市では、これらの産業に関する優位性を重視した政策が期待される。

③ 産業大分類による特化係数を用いて各産業の地域特化の生産力効果を推計したところ、卸売・小売業において正の効果が確認できた。他の産業では、概ね負の効果か、有意でないとの結果が得られた（表4-3、図4-2など）。したがって大都市における卸売・小売業を除けば、特定産業へ特化することは生産性の観点から必ずしも有利でないと考えられる。

4.3.3　今後の課題

今後の課題としては、次のような点が挙げられる。

① 今回の産業別の分析は、産業大分類によるデータを利用しており、大分類の中では都市的な業種と非都市的な業種が混在していることや、産業の多様性の効果を測定するためには分類が少なすぎるなどの限界が存する。産業中分類などのデータベースを構築して分析することが求められる。

② 集積の経済を分析するための説明変数としての指標について、本章では「都市規模（全産業就業者数）」と「地域特化係数」のみを使用したが、

Ellison & Glaeser (1997) の産業集積指数や中村・江島 (2004) の地域産業集積の定量分析などを参考にしながら様々な都市集積指標の開発・活用を試みて行く必要がある。

③ 社会資本の生産力効果の分析では、各大都市雇用圏内のストックのみにより生産力効果を評価しているため、広域的な効果を及ぼす社会資本やネットワークによる効果が大きな社会資本などについて評価が過小になっている可能性がある。地域間のスピルオーバーやネットワークの効果などを考慮したモデルによる分析が必要である。

参考文献

Arrow, Kenneth J. (1962): "The Economic Implications of Learning by Doing," *Review of Economic Studies*, 29, 155-173.

Ciccone, Antonio and Robert E. Hall (1996): "Productivity and the Density of Economic Activity," *American Economic Review*, 8, 54-70.

Ciccone, Antonio (2002): "Agglomeration Effects in Europe," *European Economic Review*, 46, 213-227.

Davidson, Russell and James G. Mac-Kinnon (2004): "*Econometric Theory and Methods*," Oxford University Press, 298-305.

Ellison, Glenn and Edward L. Glaeser, (1997): "Geographic Concentration in U. S. Manufacturing Industries: A Dartboard Approach," *Journal of Political Economy*, 105, 889-927.

Glaeser, Edward L, Hedi D. Kallal, Jose A. Scheinkman and Andrei Shleifer (1992): "Growth in Cities," *Journal of Political Economy*, 100, 1126-1152.

Greene, William (2000): *Econometric Analysis*, 4th edition, Prentice Hall International, Inc..

Henderson, J. Vernon (1984): "Efficiency of Resource Usage and City Size," *Journal of Urban Economics*, 19, 47-70.

Jacobs, Jane (1969): *The Economy of Cities*, New York, Vintage.

Jacobs, Jane (1984): *Cities and the Wealth of Nations, Principles of Economic Life*, New York, Vintage.

Kanemoto, Yoshitsugu, Toru Ohkawara, Tsutomu Suzuki (1996): "Agglomeration Economies and a Test for Optimal City Sizes in Japan," *Journal of the Japanese and International Economies*, 10, 379-398.

Marshall, Alfred (1890): *Principle of Economics*, London, Macmillan.

Maurel, Francoise, and Beatrice Sedillot (1999) : "A Measure of the Geographic Concentration in French Manufacturing Industries," *Regional Science and Urban Economics*, 29, 575-604.

Nakamura, Ryohei (1983) : "Agglomeration Economies in Urban Manufacturing Industries: A Case of Japanese Cities," *Journal of Urban Economics*, 17, 108-124.

Porter, Michael E. (1990) : *The Competitive Advantage of Nations*, New York, Free Press.

Romer, Paul M. (1986) : "Increasing Returns and Long-run Growth," *Journal of Political Economy*, 94, 1002-1037.

Romer, Paul M. (1990) : "Endogenous Technological Change," *Journal of Political Economy*, 98, S71-S101.

赤木博文 (2004):「事業分野別生活基盤型の公共投資の効率性―資本化仮説による実証分析―」、『生活経済学研究』、19、75-89。

浅子和美・常木淳・福田慎一・照山博司・塚本隆・杉浦正典 (1994):「社会資本の生産力効果と公共投資政策の経済厚生評価」、『経済分析』、134、1-90。

岩本康志・大内聡・竹下智・別所正 (1996):「社会資本の生産性と公共投資の地域間配分」、『フィナンシャル・レビュー』、41、大蔵省財政金融研究所、27-52。

大河原透・山野紀彦・Kim Yoon Kyung (2001):「財政再建下の公共投資と地域経済」、『電力経済研究』、45、51-66。

大城純男 (2005):「日本の大都市雇用圏 (MEA) における集積の経済と社会資本の生産力効果」、『応用地域学研究』、10、55-66。

奥野信宏 (1988):『公共経済―社会資本の理論と政策―』東洋経済新報社。

各務和彦・福重元嗣 (2005):「集積の経済と外生的な技術進歩」、『地域学研究』、35、143-153。

金本良嗣・大河原透 (1996):「東京は過大か―集積の経済と都市規模の経済分析」、『電力経済研究』、37、29-42。

金本良嗣・齋藤裕志 (1998):「東京は過大か―ヘンリー・ジョージ定理による検証」、『住宅土地経済』、29、9-19。

金本良嗣・徳岡一幸 (2002):「日本の都市圏設定基準」、『応用地域学研究』、7、1-15。

亀山嘉大 (2003):「従業者規模別の産業分布、産業の多様性と都市の階層性―商業の構造変化の検定を中心に」、『経済地理学年報』、49、313-60。

来間玲二・大河原透 (2001):「都市圏経済データの作成について」、応用地域学会での報告、http://isix.e.u-tokyo.ac.jp/~kurima/ ARSC1104. pdf

佐々木公明・文世一 (2000):『都市経済学の基礎』、有斐閣。

地域政策研究会 (2003):『平成12年度行政投資実績 (都道府県別行政投資実績報告書)』、地方財務協会。

徳永澄憲・阿久根優子（2005）:「わが国製造業の集積の動態分析―エリソン＝グレイザーの集積指数によるアプローチ―」、『地域学研究』、35、155-174。

中里透（1999）:「公共投資と地域経済成長」、『日本経済研究』、39、97-115。

中村良平・田渕隆俊（1996）:『都市と地域の経済学』、有斐閣。

中村良平・江島由裕（2004）、「地域産業集積の定量分析」、『地域産業創生と創造的中小企業』、大学教育出版、156-186。

八田達夫（2006）:「都市回帰の経済学」、『都心回帰の経済学』、八田達夫編、日本経済新聞社、1-23。

宮崎智視（2004）:「道路資本の生産力効果―地域間格差に着目した分析」、『応用地域学研究』、9、39-48。

横山直・高橋敏明・小川修史・久富良章（2003）:「90年代以降の我が国における都市の成長―産業集積のメリットと地域経済活性化」、景気判断・政策分析ディスカッション・ペーパー、内閣府政策統括官。

吉田あつし・植田和樹（1999）:「東京一極集中と集積の経済」、『日本経済研究』、38、154-171。

吉野直行・中島隆信（1999）:『公共投資の経済効果』、日本評論社。

吉野直行・中野英夫（1994）:「首都圏への公共投資配分」、『東京一極集中の経済分析』、八田達夫編、日本経済新聞社、161-189。

吉野直行・中野英夫（1996）:「公共投資の地域配分と生産効果」、『フィナンシャル・レビュー』、41、大蔵省財政金融研究所、16-26。

第5章

産業別集積の経済の評価と都市政策
―経済活動密度 vs. 都市規模―

[キャナルシティの運河（福岡市博多区）]

5.1 本章の目的と方法

5.1.1 研究目的

　近年、日本では都市規模階層の高い大都市圏への人口再集中が進み、**都市化**（urbanization）が一層進行しつつある[1]。他方で、日本の総人口は2004年をピークとして減少へ向かっていると予測されている。都市に関しては、日本全体の人口減少傾向に準じて人口が減少する多くの都市と、人口成長を続ける一部の都市に分化するとの推論が導かれる。

　こうした中で、都市政府には人口集積がもたらす生産力の向上や消費できる商品の多様性などの「正の集積の経済効果」と、交通混雑などの「負の集積の経済効果」を地域の生産への影響を考慮しながら、適切にコントロールすることが求められている。前章での分析からも、集積の経済が生産性に多大な影響を及ぼすことは理解できるものの、集積の内容として何が支配的であるのかは明らかではない。

　現在、政府が進めている都市再生事業や、地方政府のマスタープランなどにも取り上げられるようになってきているコンパクトシティ政策なども、人口規模や就業者密度などが生産性に与える効果を分析し、政策の合理性が十分議論されるべきである[2]。

　そこで本章では、集積の定義として経済活動密度と都市規模を取り上げ、それらが生産性に与える影響を分析し、今後の都市の人口政策や産業政策への知見を提示することを目指す。

---

1) 大城 (2003)、八田 (2006) など参照。
2) コンパクトシティについては、第1章1.1の注6参照。

5.1.2 先行研究

これまでの集積の経済の実証研究としては、「**都市規模（size：総人口、総就業者数など）**」、「**産業の地域特化**（localization, specialization：地域特化係数など）」、「**産業の多様性**（diversity: Harfindal-Hirshman index）」などの視点を中心に分析が蓄積されてきた。しかし、Ciccone & Hall（1996）により、空間的な集積そのものを指標として用いる「**経済活動密度**」による分析が行われて以来、「密度」による研究が盛んになっている。

Ciccone & Hall（1996）の規模対密度（size versus density effects）の分析モデルは以下のようである。

企業レベルの生産関数を次のように仮定する。

$$f(n, q_c, a_c) = n^\alpha \left(\frac{q_c}{a_c}\right)^{(\lambda-1)/\lambda} q_c^\nu \tag{5.1}$$

f：生産関数、n：就業者数、q：総産出量、a：地域の総面積、
α：就業者数についての総産出量の弾力性、c：カウンティ、
$(\lambda-1)/\lambda$：密度についての総産出量の弾力性、
ν：カウンティの総産出量についての企業レベル産出量の弾力性

これを州レベルの生産性に変形すれば、

$$\frac{Q_s}{N_s} = \frac{\sum_{c \in C_s}(n_c^\gamma a_c^{-(\gamma-1)})^{1/(1-v\lambda)}}{N_s} \tag{5.2}$$

s：州、Q_s：州産出量、N_s：州就業者数、γ：$\alpha\lambda$
C_s：州の中のすべてのカウンティ

さらに、両辺を対数変換し、変形すれば、

$$\log \frac{Q_s}{N_s} = \delta + \log D_s(\theta, \eta, \sigma) + u_s \tag{5.3}$$

と表すことができる。

ただし、

$$D_s(\theta, \eta, \sigma) = \frac{\sum_{c \in C_s}((n_c h_c^\eta)^\theta a_c^{-(\theta-1)})^\sigma}{N_s} \tag{5.4}$$

$$\sigma = \frac{1}{1-v\omega} \tag{5.5}$$

D_s：就業者密度指標、δ：全州に共通な定数、

θ：カウンティレベルでの生産性に対する就業密度の弾力性、

η：生産性に対する教育の弾力性、

σ：カウンティレベルでの生産性に対する規模の弾力性、u_s：誤差項、

h：就業者の平均教育年数、ω：生産性に対する技術の弾力性

(5.3)について、米国の1988年時点での州・カウンティのデータを利用して、非線形最小二乗法（NLLS）と非線形操作変数法（NLIV）により推定を行い、カウンティの密度の弾力性を示すθとカウンティの規模の弾力性を示すσを比較している。θ（NLLSで1.035（標準誤差0.013)、NLIVで1.046（標準誤差0.023)）がσ（NLLSで1.029（標準誤差0.019)、NLIVで1.026（標準誤差0.039)）より大きく、また標準誤差も小さいため、密度の外部性が、規模の外部性より重要であると結論している。

このCiccone & Hall (1996)のモデルを基礎にした日本の実証研究として次の2つが挙げられる。

吉田・植田（1999）は、日本の都道府県の1975年から1990年までの5年おきのデータを「東京圏」・「大阪圏」・「その他地域」の3地域に区分し、「製造業」および「全産業」について就業者密度で計った集積の経済の分析を行って

いる。「全産業」については、各地域とも集積の経済が確認されたが、「製造業」については、大阪圏での集積の経済の確認ができなかった。また、東京圏に他の地域を凌駕するような大きさの集積の経済が存するとの明確な結果は得られなかった、としている。

各務・福重（2005）は、1995年の大都市雇用圏（MEA: Metropolitan Employment Area）のデータを用い、被説明変数が単位面積当たり産出量で、説明変数が就業者密度と**技術進歩**などからなる生産関数を推定している。その結果、多くの都市圏で集積の経済が確認されたが、強い集積の経済が確認できる都市圏では外生的技術進歩は小さく、逆に大きい外生的技術進歩の確認できる都市圏では集積の経済が確認できないなどの傾向があると結論している。

それ以外の都市の集積の経済の研究を行ったものとして、第4章4.1.2で詳述した以下の研究がある。

日本の工業統計調査による中分類のデータから生産関数の推定を行ったNakamura（1983）、Integrated Metropolitan Area（IMA）という都市圏定義による日本の1985年時点でのデータベースを構築し、生産関数の推定を行ったKanemoto et al.（1996）、①マーシャル-アロー-ローマー理論（Marshall-Arrow-Romer（MAR）theory）と②ポーター理論（Porter theory）、③ジェイコブズ理論（Jacobs theory）を対比させて地域の成長を分析したGlaeser et al.（1992）、Glaeser et al.（1992）の分析手法を1990年代の日本に適用した横山ほか（2003）などである。

近年、産業の集積度（degree of geographic concentration）の研究も盛んに行われており、産業内の工場規模や企業の多様性などを考慮した新たな産業集積指数を提案したEllison & Glaeser（1997）、この指数を修正しフランスの製造業につき分析を行ったMaurel & Sedillot（1999）、Ellison & Glaeser（1997）の産業集積指数を日本の製造業に適用した徳永・阿久根（2005）、様々な産業集積や多様性の指標などを整理し、工業中分類での集積の生産効果を分析した中村・江島（2004）などがある。

5.1.3 研究方法

　様々な先行研究の内容を考慮し、本章では、空間的な経済活動密度と都市規模とのいずれが大きな生産効果をもたらしているかに焦点を絞り、「経済活動密度（就業者密度）vs. 都市規模（常住人口規模）」（density vs. size）の比較を中心に分析を行う。具体的には、産業分類については全産業だけでなく産業大分類別により、また、都市圏については常住人口による都市規模階層別に、大都市雇用圏（MEA）のデータを用いてパネル分析を行い、政策的インプリケーションを示す。

　この際、生産関数の推計式について、Ciccone & Hall（1996）、吉田・植田（1999）、各務・福重（2005）においては、いずれも民間資本ストック、社会資本ストックが説明変数から捨象されているが、本章ではこれらをモデルに組み込み、1人当たり民間資本ストック（資本装備率）や1人当たり社会資本ストックなどを考慮して、経済活動密度や都市規模の生産力効果を推計しており、この点も先行研究にはない本章の分析の特徴となっている。

5.2　実証分析

5.2.1　モデル

　本章では、コブ・ダグラス型の生産関数を基礎として、以下のとおり各都市圏における生産関数を特定化する。

　i 都市圏における全産業にかかる生産関数は次のとおりである。

$$\ln(Y_i/N_i) = a_0 + a_1 \ln(N_i/A_i) + a_2 \ln P_i + a_3 \ln(K_i/N_i) + a_4 \ln(G_i/N_i) \tag{5.6}$$

　　Y：生産額、N：就業者数、A：都市圏の可住地面積、P：常住人口、
　　K：民間資本ストック、G：社会資本ストック、

a_0、a_1、a_2、a_3、a_4：パラメータ

右辺第1項は定数、第2項は就業者密度(＝経済活動密度)、第3項は人口規模(＝都市規模)、第4項は民間資本装備率、第5項は就業者1人当たり社会資本の生産性への影響を意味している。

産業大分類での各産業 j の生産関数は次のようである。

$$\ln(Y_{ij}/N_{ij}) = a_0 + a_1 \ln(N_{ij}/A_i) + a_2 \ln P_i \\ + a_3 \ln(K_{in}/N_{in}) + a_4 \ln(G_i/N_i) \tag{5.7}$$

右辺第3項は都市規模(実際の推定では人口規模)の影響を推計するため、(5.6)と同じである。また、第5項の社会資本も全産業で共同消費されるため、(5.6)と同様である。

したがって、(5.6)および(5.7)では、民間資本ストックと社会資本ストックの生産性への影響も組み込みながら、産業ごとの経済活動密度と都市規模の効果を推定できるモデルとしている。

5.2.2 データ

本章では、都市圏を単位として分析する。都市圏の概念として、金本・徳岡(2002)によって定義された都市雇用圏(Urban Employment Ares)を採用し、そのうちの大都市雇用圏(Metropolitan Employment Area)を分析対象としていることは、4章と同様である。

データは、来間・大河原(2001)において作成方法が説明され、金本のホームページに掲載されているMEAデータを利用する。このデータベースでは、都市圏単位のデータとして、1980、85、90、95年の4期の生産額、人口、就業者数、民間資本ストック、社会資本ストック、可住地面積などが掲載されており、パネルデータとしての利用が可能である。データとその加工などの概要は表5-1のとおりである。

表5-1 データの概要と加工

区分	来間・大河原(2001)によるデータ	本研究での採用データ・加工など
対象年	1980年、1985年、1990年、1995年	1980年、1985年、1990年、1995年(パネル・データ)
大都市雇用圏(MEA)	1995年時点での定義による(118MEA)	
産業分類	全産業、製造業、非製造業、農林水産業(農業、林業、水産業)、鉱業、建設業、電気・ガス・水道業、運輸・通信業、卸売・小売業、金融・保険業、不動産業、サービス業など。	全産業、製造業、農林水産業、建設業、運輸・通信業、卸売・小売業、金融・保険業、サービス業。(鉱業、不動産業などを除く。ただし、全産業、非製造業にはこれらを含む)
常住人口	国勢調査の常住人口の市町村データをMEAごとに集計	
就業者数	国勢調査の産業別・従業地別人口の市町村データをMEAごとに集計。	
生産額	県民経済計算の都道府県の産業別生産額を、産業別就業者数により市町村に按分し、MEAごとに集計。1990年価格。	
1人当たり生産額	—	上記のMEA別の産業別生産額を、産業別就業者数で除する。
民間資本ストック	都道府県単位の民間資本ストックを、製造業と非製造業に分け、MEA単位の製造業生産額、非製造業生産額を用いて按分。1990年価格。都道府県単位の民間資本ストックそのものの推計方法は、大河原ほか(2001)を参照。	
1人当り民間資本ストック	—	「1人当り製造業民間資本ストック」は、製造業民間資本ストックを製造業就業者数で除した。「1人当たり非製造業民間資本ストック」は、非製造業民間資本ストックを非製造業就業者数で除した。
社会資本ストック	都道府県単位の12区分の社会資本ストックを、「農林業施設」は農林水産業生産額で、「産業基盤型社会資本ストック」は製造業生産額で、「生活基盤型社会資本ストック」は常住人口で按分。対応する市町村データのないものは総生産額により按分した。1990年価格。都道府県単位の社会資本ストックそのものの推計方法は、大河原ほか(2001)を参照。	
1人当たり社会資本ストック	—	社会資本ストックを産業別就業者数で除し、1人当たり社会資本ストックを求めた。
可住地面積	総面積から林野面積と主要湖沼面積を差し引いて算出したもの	
就業者密度(経済活動密度)	—	「産業別就業者数」を「可住地面積」で除した。

さらに、都市規模階層別に、経済活動密度と都市規模の生産性への影響を分析するために、大都市雇用圏を常住人口70万人以上の上位22MEAと、30万～70万人の中位45MEA、30万人未満の下位51MEAに区分し[3]、全118MEAとあわせて分析する。

5.2.3　推定方法

　(5.6)および(5.7)式の推定にあたっては、パネル分析を行う。使用するパネルデータは、個体数は118サンプルであるが、時系列が4期とやや少ないため、パネル分析のモデルのうち固定効果モデル（fixed effects model）ではなく変量効果モデル（random effects model）を採用する。前者は個体ダミー変数を使ったOLSであるが、後者は、誤差を全サンプル共通なものと個体に特有なものとに分け、両者を考慮した分散共分散行列を想定して一般化最小自乗法を適用するものである。

5.2.4　推定結果と解釈

　表5-2は(5.6)の推計に使用した全産業についての被説明変数・説明変数の対数変換後の**記述統計量**である。今回の分析の主眼である経済活動密度と人口規模についてみると、118MEA、上位・中位・下位MEAのいずれについても、経済活動密度の変動係数が5.46～8.68、人口規模が1.75～7.32の範囲であり、分析比較するにあたっての合理的な範囲であると考えられる。

　表5-3は、同様に(5.6)の推計に使用した全産業についての被説明変数・説明変数について、変数間の相関係数のマトリックスを示したものである。特に、経済活動密度と人口規模についてみると、118MEA、上位・中位・下位MEAをとおして、経済活動密度と人口規模の**相関係数**は－0.064～0.754程度であり、多重共線性の懸念には及ばない水準である。また、経済活動密度と

---

3)　第4章での都市規模は総就業者数を代理変数としたが、第5章では常住人口を代理変数とする。これは、(5.6)式による重回帰分析を行うにあたって、右辺第2項と第3項が共線性を持たないようにとの配慮による。したがって、都市圏を都市規模別に階層区分するにあたっても、第4章では総就業者数、第5章では常住人口を基準とした。

表 5-2 記述統計量（被説明変数・説明変数）

区 分	変 数	平均	標準偏差	最小値	最大値	変動係数
118MEA	1人当たり生産額	1.77	0.195	1.23	2.22	11.05
	経済活動密度	6.29	0.527	4.49	7.81	8.37
	人口規模	12.81	0.939	11.04	17.25	7.32
	1人当たり民間資本	2.24	0.360	1.15	3.08	16.08
	1人当たり社会資本	2.10	0.304	1.41	2.99	14.50
上位 22MEA	1人当たり生産額	1.83	0.173	1.45	2.20	9.43
	経済活動密度	6.83	0.475	5.87	7.81	6.95
	人口規模	14.22	0.959	13.33	17.25	6.75
	1人当たり民間資本	2.25	0.336	1.35	2.87	14.93
	1人当たり社会資本	2.02	0.281	1.41	2.65	13.94
中位 45MEA	1人当たり生産額	1.74	0.190	1.24	2.21	10.90
	経済活動密度	6.24	0.341	5.52	7.02	5.46
	人口規模	12.99	0.227	12.54	13.46	1.75
	1人当たり民間資本	2.22	0.356	1.22	3.08	15.99
	1人当たり社会資本	2.07	0.288	1.49	2.85	13.86
下位 51MEA	1人当たり生産額	1.76	0.203	1.23	2.22	11.55
	経済活動密度	6.10	0.530	4.49	7.43	8.68
	人口規模	12.05	0.366	11.04	12.64	3.04
	1人当たり民間資本	2.25	0.375	1.15	3.08	16.67
	1人当たり社会資本	2.16	0.319	1.52	2.99	14.78

注）掲載のすべての変数につき、自然対数に変換した後、記述統計量を求めた。

社会資本との相関に着目すると、緩やかな負の相関となっており、公共投資が経済活動密度の高いところでなく、むしろ低いところに相対的に配分されていることを反映しているものと考えられて興味深い。

　表5-4は、118 MEAの全産業についての（5.6）の推定結果である。左から順に、データをプールしてOLSを適用した分析（plain OLS）、個体ごとの4期の平均値にOLSを適用した分析（OLS on means）、固定効果モデル（fixed effects model）による分析、変量効果モデル（random effects model）による分析の結果を示した。ハウスマン - テスト（Hausman test）の結果からは、通常は変量効果モデルよりも固定効果モデルが選択されるべきところである

第5章　産業別集積の経済の評価と都市政策―経済活動密度 vs. 都市規模―　127

表5-3　相関係数マトリックス（被説明変数・説明変数）

		1人当たり生産額	経済活動密度	人口規模	1人当たり民間資本	1人当たり社会資本
118MEA	1人当たり生産額	1				
	経済活動密度	0.415	1			
	人口規模	0.165	0.535	1		
	1人当たり民間資本	0.885	0.284	0.030	1	
	1人当たり社会資本	0.406	−0.280	−0.145	0.534	1
上位22MEA	1人当たり生産額	1				
	経済活動密度	0.448	1			
	人口規模	0.458	0.754	1		
	1人当たり民間資本	0.894	0.206	0.195	1	
	1人当たり社会資本	0.547	−0.052	−0.130	0.660	1
中位45MEA	1人当たり生産額	1				
	経済活動密度	0.392	1			
	人口規模	0.045	0.207	1		
	1人当たり民間資本	0.893	0.359	0.148	1	
	1人当たり社会資本	0.436	−0.143	0.042	0.571	1
下位51MEA	1人当たり生産額	1				
	経済活動密度	0.394	1			
	人口規模	−0.111	−0.064	1		
	1人当たり民間資本	0.897	0.352	−0.098	1	
	1人当たり社会資本	0.401	−0.358	0.113	0.478	1

注）掲載のすべての変数につき、自然対数に変換した後、相関係数を求めた。

が、このパネルデータが4期という制約があるため、変量効果モデルによる推定結果を採用する。以下のパネル分析でも同様に変量効果モデルを採用した。

　表5-5-1、表5-5-2は、産業大分類別、都市規模別の生産関数の推定結果を示したものである。

　「全産業」の118MEAについてみると、経済活動密度（全産業就業者密度）の係数は正に有意であり、生産性への正の効果が示されたが、都市規模（常住人口）の係数は有意ではなかった。また社会資本ストックについては有意な係数が得られなかった。この原因については、多くの先行研究で地域別公共投資

表5-4 パネル分析による生産関数推定結果（全産業/118MEA）

パネル分析モデル	plain OLS			OLS on means			fixed effects			random effects		
対象産業	全産業											
対象都市圏	118MEA											
推定式	(5.6)式											
被説明変数	一人当たり生産額											
説明変数												
経済活動密度（就業者密度）	0.0549	[.000]	※※※	0.0558	[.004]	※※※	0.5319	[.000]	※※※	0.0538	[.002]	※※※
都市規模（人口）	0.0129	[.010]	※※	0.0117	[.185]		−0.6127	[.000]	※※※	0.0121	[.158]	
民間資本ストック	0.4531	[.000]	※※※	0.4250	[.000]	※※※	0.4951	[.000]	※※※	0.4731	[.000]	※※※
社会資本ストック	0.0068	[.705]		−0.0116	[.767]		−0.0586	[.155]		−0.0082	[.738]	
定数項	0.2262	[.002]	※※※	0.3371	[.054]	※	—			0.2295	[.033]	※※
調整済み決定係数	0.8147			0.6673			0.9394			0.8144		
Hausman test P-value	—						[.0005]					
サンプル数	472			472			472			472		

注）[ ]内は P-value。※※※は1%水準、※※は5%水準、※は10%水準の有意を示す。以下同じ。

配分が所得再分配への配慮を優先していることが挙げられているところである[4]。都市規模階層別にみると、上位22MEAでは経済活動密度の係数が有意でなく、都市規模が正に有意であるのに対し、中位45MEAでは経済活動密度が正に有意、都市規模が有意でないとの結果であった。また下位51MEAでは密度・規模いずれも有意でなかった。都市規模が上位の都市圏では、都市規模そのものの生産力効果が大きく、中位の都市圏ではむしろ密度が生産性の決定要因となっていることが示されていると考えられる。

「農林水産業」は、非都市的産業の典型として比較のために分析結果を示した。予想されたように他の産業とは大きく異なり、都市規模階層を問わず、経

---

4) 岩本ほか（1996）など。

済活動密度の係数は負に有意であり、都市規模は中位 MEA を除き有意でないとの結果であった。農業就業者の密度が高いということは、就業者当たりの耕地面積が狭小で生産性が高くないということを反映している可能性がある。

「製造業」については、都市規模階層にかかわらず経済活動密度が正に有意、都市規模は上位 MEA では正、下位 MEA では負、他は有意でないとの結果であった。製造業において、経済活動が高密度であるということは空間的な近接性を意味し、例えば工場間での中間財の輸送コストの削減や、**フェース・ツー・フェースのコミュニケーション**が容易になることにより引き起こされる**知識スピルオーバー**（knowledge-spillover）などにより、生産性が向上するものと考えられる。

「建設業」では、経済活動密度と社会資本については 118MEA のみ正の有意な係数であった。また、都市規模については、下位 51MEA のみで有意に負であった。

「運輸・通信業」については、118MEA およびすべての都市規模階層において、経済活動密度・都市規模のいずれも有意でなかった。これは、例えば運輸業について、交通需要を確保するために大きな都市規模と密度が必要であるが、他方で高い密度は混雑の不経済を生じるため、外部経済と外部不経済が相殺されている可能性がある。社会資本は、上位 MEA を除くすべての都市規模階層で正に有意であった。整備された道路や通信網などのインフラとそれらのネットワークが、運輸・通信業の生産性を向上させていることによるものと考えられる。

「卸売・小売業」に関しては、経済活動密度は有意でなく、都市規模は、中位 MEA を除き正に有意との結果であった。卸売業や、買回り品を中心とした小売業などが高い生産性を維持するためには、需要規模を規定する一定の都市規模が必要となることを反映していると考えられる。また、社会資本については 118MEA で正に有意、下位 MEA で負に有意との結果であった。118MEAでの結果は、供給サイドからの商品輸送の効率性や、消費者サイドからの商業施設へのアクセスの利便性などの社会資本の効果を示していると考えられる。

130

表 5-5-1 生産関数の推定結果（産業大分類／MEA 規模別）

産業大分類		全産業		農林水産業		製造業		建設業	
推定式		(5.6) 式				(5.7) 式			
パネル分析モデル		random effects model							
被説明変数		就業者 1 人当たり生産額							
説明変数									
118MEA	経済活動密度	0.0538	[.002]***	−0.2454	[.000]***	0.1154	[.000]***	0.1031	[.006]***
	都市規模	0.0121	[.158]	−0.0025	[.913]	0.0123	[.307]	0.0022	[.932]
	民間資本ストック	0.4731	[.000]***	−0.0026	[.850]	0.4425	[.000]***	0.0029	[.859]
	社会資本ストック	−0.0082	[.738]	0.1563	[.000]***	0.0003	[.991]	0.4797	[.000]***
	定数項	0.2295	[.033]**	1.2448	[.001]***	−0.0206	[.891]	0.2985	[.364]
	調整済み決定係数	0.8144		0.3725		0.7733		0.1219	
	サンプル数	472		472		472		472	
上位 22MEA	経済活動密度	0.0459	[.094]*	−0.1831	[.049]**	0.1296	[.007]***	0.0260	[.817]
	都市規模	0.0373	[.007]***	−0.0016	[.966]	0.0824	[.020]**	0.0450	[.456]
	民間資本ストック	0.4200	[.000]***	0.1319	[.179]	0.3929	[.000]***	0.3840	[.002]***
	社会資本ストック	0.0196	[.627]	−0.0678	[.612]	0.0652	[.388]	0.0750	[.662]
	定数項	0.0039	[.979]	1.1543	[.136]	−1.1067	[.007]***	0.0640	[.927]
	調整済み決定係数	0.8865		0.1868		0.7261		0.2908	
	サンプル数	88		88		88		88	
中位 45MEA	経済活動密度	0.0703	[.048]**	−0.2892	[.000]***	0.1215	[.000]***	0.0844	[.200]
	都市規模	−0.0646	[.167]	0.1668	[.065]*	0.0485	[.497]	−0.1726	[.134]
	民間資本ストック	0.5018	[.000]***	0.0404	[.432]	0.4655	[.000]***	0.3488	[.000]***
	社会資本ストック	−0.0257	[.515]	0.0864	[.232]	−0.0524	[.253]	0.1118	[.213]
	定数項	1.0802	[.067]*	−0.7020	[.545]	−0.4740	[.602]	2.7541	[.056]*
	調整済み決定係数	0.8105		0.3163		0.8255		0.1461	
	サンプル数	180		180		180		180	
下位 51MEA	経済活動密度	0.0416	[.103]	−0.2629	[.000]***	0.1002	[.000]***	0.0296	[.459]
	都市規模	−0.0146	[.617]	−0.0508	[.419]	−0.0717	[.056]*	−0.0991	[.064]*
	民間資本ストック	0.4644	[.000]***	0.1418	[.005]***	0.4402	[.000]***	0.3134	[.000]***
	社会資本ストック	0.0086	[.829]	−0.0184	[.810]	0.0174	[.621]	0.1018	[.143]
	定数項	0.6173	[.092]*	1.9839	[.015]**	1.0392	[.023]**	1.9999	[.002]***
	調整済み決定係数	0.8084		0.3846		0.8171		0.3313	
	サンプル数	204		204		204		204	

第 5 章　産業別集積の経済の評価と都市政策―経済活動密度 vs. 都市規模―　131

表 5-5-2　生産関数の推定結果（産業大分類/MEA 規模別）

産業大分類		運輸・通信業		卸売・小売業		金融・保険業		サービス業	
推定式		\(5.7\) 式							
パネル分析モデル		random effects model							
被説明変数		就業者 1 人当たり生産額							
説明変数									
118MEA	経済活動密度	0.0440	[.123]	−0.0072	[.859]	0.1307	[.000] ***	0.1774	[.000] ***
	都市規模	−0.0159	[.505]	0.0809	[.004] ***	−0.0435	[.091] *	0.0187	[.322]
	民間資本ストック	0.0734	[.000] ***	0.0635	[.000] ***	0.0568	[.000] ***	0.0307	[.013] **
	社会資本ストック	0.6950	[.000] ***	0.2171	[.000] ***	0.1173	[.000] ***	0.4640	[.000] ***
	定数項	0.3128	[.282]	−0.3511	[.314]	2.0375	[.000] ***	−0.8225	[.001] ***
	調整済み決定係数	0.4308		0.2550		0.1374		0.4582	
	サンプル数	472		472		472		472	
上位 22MEA	経済活動密度	0.0099	[.909]	−0.0845	[.455]	0.0044	[.963]	0.0939	[.200]
	都市規模	0.0662	[.230]	0.1996	[.002] ***	0.1659	[.003] ***	0.1324	[.011] **
	民間資本ストック	0.6290	[.000] ***	0.3434	[.001] ***	0.1834	[.054] *	0.4371	[.000] ***
	社会資本ストック	−0.1025	[.412]	−0.1117	[.418]	−0.0528	[.680]	−0.0228	[.821]
	定数項	−0.1156	[.854]	−1.3918	[.035] **	−0.3761	[.557]	−1.8103	[.000] ***
	調整済み決定係数	0.5093		0.4759		0.5071		0.7132	
	サンプル数	88		88		88		88	
中位 45MEA	経済活動密度	0.0652	[.161]	−0.0775	[.255]	0.0340	[.510]	0.2578	[.000] ***
	都市規模	−0.0597	[.514]	0.0946	[.387]	0.2655	[.007] ***	0.1000	[.173]
	民間資本ストック	0.2951	[.000] ***	0.2034	[.002] ***	0.1641	[.002] ***	0.1609	[.000] ***
	社会資本ストック	0.4783	[.000] ***	0.0740	[.374]	−0.0297	[.661]	0.2765	[.000] ***
	定数項	0.8256	[.470]	−0.2262	[.867]	−1.6241	[.190]	−2.1423	[.018] **
	調整済み決定係数	0.5301		0.1122		0.0873		0.4659	
	サンプル数	180		180		180		180	
下位 51MEA	経済活動密度	0.0457	[.135]	−0.0390	[.445]	0.1323	[.000] ***	0.0613	[.017] **
	都市規模	−0.0688	[.151]	0.1574	[.023] **	−0.0551	[.274]	0.0251	[.488]
	民間資本ストック	0.3489	[.000] ***	0.3499	[.000] ***	0.3594	[.000] ***	0.2823	[.000] ***
	社会資本ストック	0.3388	[.000] ***	−0.1699	[.044] **	−0.2443	[.000] ***	0.1805	[.000] ***
	定数項	1.1333	[.047] **	−0.8560	[.307]	2.3482	[.000] ***	−0.2449	[.574]
	調整済み決定係数	0.5898		0.0792		0.4262		0.5270	
	サンプル数	204		204		204		204	

「金融・保険業」においては、経済活動密度については118MEAおよび下位MEAでは有意に正であった。他方、都市規模については上位MEAでは有意に正であるが、118MEAでは有意に負、また中位・下位MEAでは有意でなかった。都市規模階層の高い大都市圏では都市規模が、階層の低い小都市圏では経済活動密度が金融・保険業の生産性の決定要因であることが示されたといえる。また社会資本について、118MEAでは正に有意、上位・中位・下位の都市規模階層別ではすべて負に有意であった。

「サービス業」では、経済活動密度は118MEAおよび中位・下位MEAにおいて正に有意、都市規模は上位MEAにおいて正に有意であった。金融・保険業と同様、都市規模階層が高位の大都市圏では都市規模が、都市規模階層が中位または低位の中・小都市圏では経済活動密度がサービス業の生産性の決定要因となっていることが示されている。

5.3　結論と今後の課題

5.3.1　結論と政策的インプリケーション

表5-5-1、表5-5-2に示された係数の値は、(5.6)を推定した結果得られたものであるので、被説明変数である生産性に対する各説明変数の弾性値を表している。この弾性値のうち、10%水準で有意なものはその係数の値を、有意でないものは0として、産業大分類、都市規模階層別に図式化した（図5-1、図5-2、図5-3）。

図5-1は、「経済活動密度の生産性に対する弾性値」について、産業大分類別、都市規模階層別に図式化したものである。

全産業では、118MEAおよび中位MEAで経済活動密度の正の効果が示された。製造業では118MEAおよび全都市規模階層で正の効果が示されており、その生産力効果の頑健性が明らかにされている。金融・保険業では、118MEAおよび下位MEAで正の効果が認められる。サービス業では118MEAおよび

第5章　産業別集積の経済の評価と都市政策—経済活動密度 vs. 都市規模—　*133*

	全産業	農林水産業	製造業	建設業	運輸・通信業	卸売・小売業	金融・保険業	サービス業
118MEA	0.0538	−0.2454	0.1154	0	0	0	0.1307	0.1774
上位MEA	0	−0.1831	0.1296	0	0	0	0	0
中位MEA	0.0703	−0.2892	0.1215	0	0	0	0	0.2578
下位MEA	0	−0.2629	0.1002	0	0	0	0.1323	0.0613

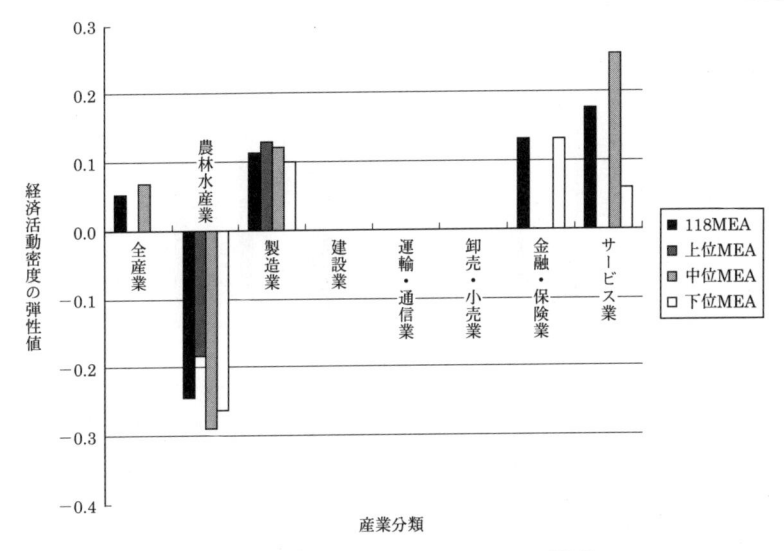

図 5-1　経済活動密度の生産性に対する弾性値

中位・下位 MEA で、経済活動密度の正の効果が示されている。

図 5-2 では、「都市規模の生産性に対する弾性値」を図示している。全産業では正の弾性値が認められ、図 5-1 との対比から上位 MEA では都市規模が、中位 MEA では経済活動密度が生産力効果を有していることが示されている。産業別に見ていくと、農林水産業では中位 MEA において都市規模に関する生産力効果が観察され、中規模の都市に適した都市的農業の存在が示唆されていると考えられる。卸売・小売業では、118MEA および上位・下位 MEA で正の生産力効果が示され、図 5-1 との対比から、卸売・小売業では経済活動密度よりも都市規模の方が生産性に強い影響を及ぼすことが分かる。サービス業においては、上位 MEA について正の有意な係数が得られており、大規模都市圏で

	全産業	農林水産業	製造業	建設業	運輸・通信業	卸売・小売業	金融・保険業	サービス業
118MEA	0	0	0	0	0	0.0809	−0.0435	0
上位MEA	0.0373	0	0.0824	0	0	0.1996	0.1659	0.1324
中位MEA	0	0.1668	0	0	0	0	0	0
下位MEA	0	0	−0.0717	−0.0991	0	0.1574	0	0

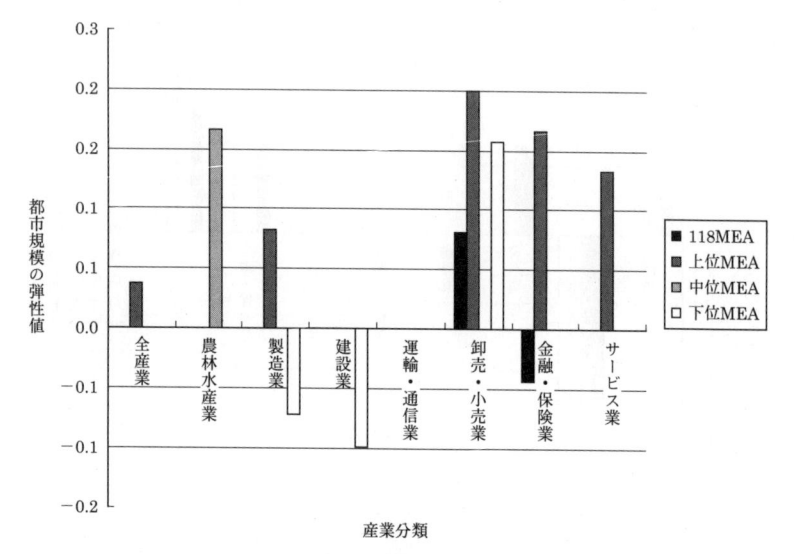

図5-2 都市規模の生産性に対する弾性値

は都市規模が生産性を決定する要因であることを示している。

図5-3-1、5-3-2「経済活動密度vs.都市規模」は、118MEAおよび都市規模階層別に、生産性に対する経済活動密度（産業別においては各産業の就業者密度）の弾性値と、都市規模（常住人口の規模）の弾性値を図式化して、両者の効果を対比できるように図示したものである。

「118MEA」では、経済活動密度が全産業および4つの産業大分類（製造業、建設業、金融・保険業、サービス業）で有意に正であるのに対し、都市規模では卸売・小売業についてのみ有意に正の弾性値が得られた。経済活動密度vs.都市規模という視点からは、118MEAでは集積の経済として経済活動密度の方が生産性に強い影響を及ぼしていることが分かる。

第5章 産業別集積の経済の評価と都市政策—経済活動密度 vs. 都市規模— 135

118MEA	全産業	農林水産業	製造業	建設業	運輸・通信業	卸売・小売業	金融・保険業	サービス業
経済活動密度	0.054	−0.245	0.115	0.103	0	0	0.131	0.177
都市規模	0	0	0	0	0	0.081	−0.044	0

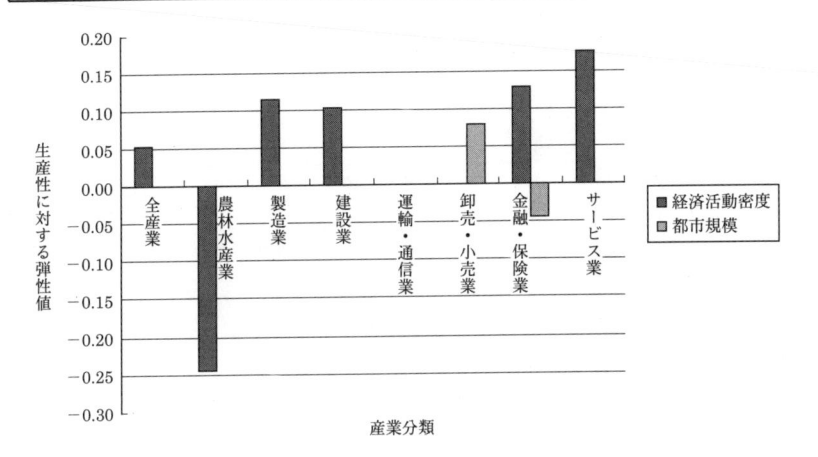

上位22MEA	全産業	農林水産業	製造業	建設業	運輸・通信業	卸売・小売業	金融・保険業	サービス業
経済活動密度	0	−0.183	0.130	0	0	0	0	0
都市規模	0.037	0	0.0824	0	0	0.200	0.166	0.132

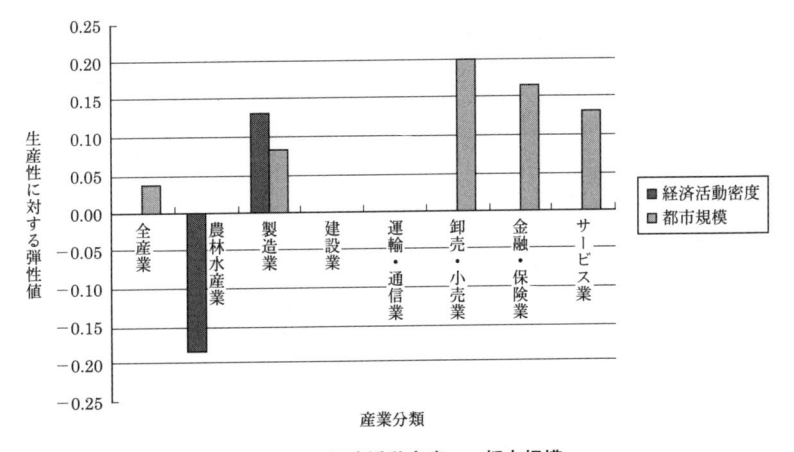

図 5-3-1　経済活動密度 vs. 都市規模

中位45MEA	全産業	農林水産業	製造業	建設業	運輸・通信業	卸売・小売業	金融・保険業	サービス業
経済活動密度	0.070	−0.289	0.122	0	0	0	0	0
都市規模	0	0.1668	0	0	0	0	0	0

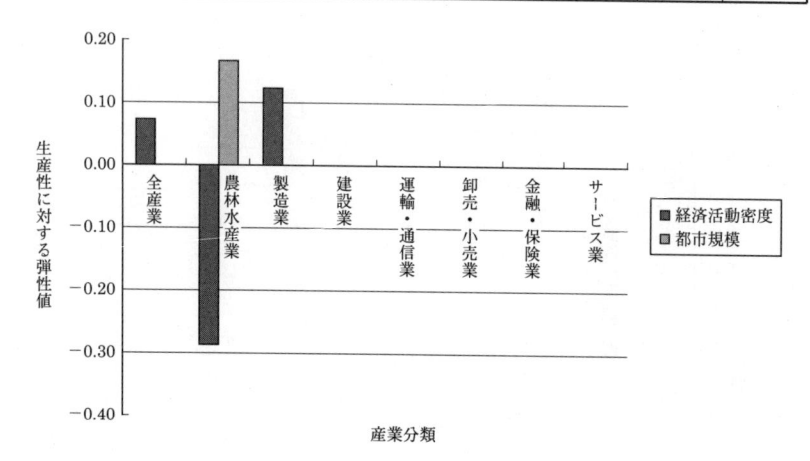

下位51MEA	全産業	農林水産業	製造業	建設業	運輸・通信業	卸売・小売業	金融・保険業	サービス業
経済活動密度	0	−0.263	0.100	0	0	0	0.132	0.061
都市規模	0	0	−0.072	−0.099	0	0.1574	0	0

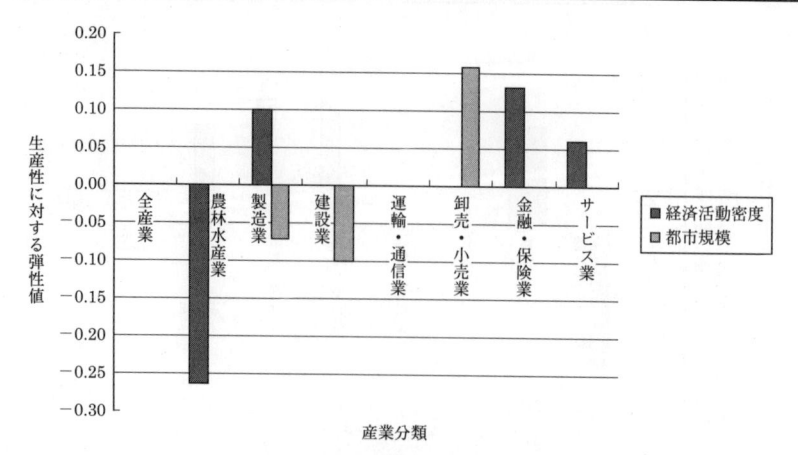

図 5-3-2　経済活動密度 vs. 都市規模

「上位22MEA」では、経済活動密度が有意に正であるのはサービス業のみである。これに対し都市規模は、全産業の外、製造業などの4つの産業で有意に正であり、特に都市型産業である卸売・小売業、金融・保険業、サービス業がすべて含まれているのが特徴である。都市規模階層の高い大都市圏では、集積の経済として経済活動密度よりも都市規模が生産性を高める要因となっていることが考えられる。

「中位45MEA」では、経済活動密度が全産業および製造業で有意に正であるのに対し、都市規模は農業においてのみ正の生産力効果が示されている。他の産業では有意性が認められず、生産性を上昇させる要因とはなっていない。

「下位51MEA」では、全産業では経済活動密度・都市規模のいずれも有意な弾性値は得られなかった。産業別では、経済活動密度については製造業、金融・保険業、サービス業の3つの産業大分類で有意に正の弾性値が得られた。これに対し、都市規模については卸売・小売業についてのみ有意な正の弾性値が得られたが、製造業、建設業においては負の弾性値であった。小規模な都市圏では、都市規模よりも経済活動密度が生産性を高める要因であるといえる。

以上の結果を要約すると、全体で見れば都市規模より経済活動密度の方が集積の経済として生産性に大きな影響を及ぼす要因であるといえる。また、都市規模階層の高い大都市圏においては都市規模が、都市規模階層の低い都市圏においては経済活動密度が生産性を高める要因となっている。

分析から得られた政策的インプリケーションを以下に示す。

① 都市規模よりも経済活動密度（全産業就業者密度）の方が集積の経済を説明する要因として支配的である。この結論は、密度の外部性が、規模の外部性より重要であるとしたCiccone & Hall（1996）の結論を支持している。

② 都市規模階層が上位の大都市圏においては、高い人口規模を維持することは、製造業、卸売・小売業、金融・保険業、サービス業における生産性の維持・向上につながる。ただし製造業においては、製造業就業者密度を高めることも効果的である。

③ 都市規模階層が下位の都市圏においては、製造業、金融・保険業、サー

ビス業などの就業者密度を高めることは各産業の維持・向上につながる。

④ 中小都市のマスタープランの目標として掲げられている「**コンパクトシティ施策**」は、中位・下位 MEA に含まれる都市では経済活動密度を高めることが生産性の向上に寄与するという本章で得られた結果から支持される。

5.3.2 今後の課題

本章では、産業大分類によるデータベースを利用して分析したため、例えば、「サービス業」では都市的な事業所向けのサービス業と、都市的ではない理容業などが分類されずに分析されている。今後は、産業中分類・小分類などのデータを活用して、詳細な分析をしていく必要がある。

参考文献

Ciccone, Antonio and Robert E. Hall (1996):"Productivity and the Density of Economic Activity," *American Economic Review,* 86, 54-70.

Ciccone, Antonio (2002):"Agglomeration Effects in Europe," *European Economic Review,* 46, 213-227.

Davidson, Russell and James G. Mac-Kinnon (2004):"*Econometric Theory and Methods,*" Oxford University Press, 298-305.

Ellison, Glenn and Edward L. Glaeser, (1997):"Geographic Concentration in U. S. Manufacturing Industries: A Dartboard Approach," *Journal of Political Economy,* 105, 889-927.

Glaeser, Edward L, Hedi D. Kallal, Jose A. Scheinkman and Andrei Shleifer (1992): "Growth in Cities," *Journal of Political Economy,* 100, 1126-1152.

Greene, William (2000), *Econometric Analysis,* 4th edition, Prentice Hall International, Inc..

Henderson, J. Vernon (1984):"Efficiency of Resource Usage and City Size," *Journal of Urban Economics,* 19, 47-70.

Kanemoto, Yoshitsugu, Toru Ohkawara, Tsutomu Suzuki (1996):"Agglomeration Economies and a Test for Optimal City Sizes in Japan," *Journal of the Japanese and International Economies,* 10, 379-398.

Maurel, Francoise, and Beatrice Sedillot (1999):"A Measure of the Geographic Concentration in French Manufacturing Industries," *Regional Science and Urban*

Economics, 29, 575-604.

Nakamura, Ryohei (1983): "Agglomeration Economies in Urban Manufacturing Industries— A Case of Japanese Cities," *Journal of Urban Economics*, 17, 108-124.

赤木博文(2004):「事業分野別生活基盤型の公共投資の効率性—資本化仮説による実証分析—」,『生活経済学研究』,19、75-89。

浅子和美・常木淳・福田慎一・照山博司・塚本隆・杉浦正典(1994):「社会資本の生産力効果と公共投資政策の経済厚生評価」,『経済分析』,134、1-90。

岩本康志・大内聡・竹下智・別所正(1996):「社会資本の生産性と公共投資の地域間配分」,『フィナンシャル・レビュー』,41、大蔵省財政金融研究所、27-52。

大河原透・山野紀彦・Kim Yoon Kyung(2001):「財政再建下の公共投資と地域経済」,『電力経済研究』45、51-66。

大城純男(2003):「一般均衡モデルによる日本の大都市のアメニティ評価」,『地域学研究』,33、305-315。

大城純男(2003):「日本の大都市における人口再集中の分析」,『人口学研究』33、117-120。

大城純男(2005):「日本の大都市雇用圏(MEA)における集積の経済と社会資本の生産力効果」,『応用地域学研究』,10、55-66。

奥野信宏(1988):『公共経済—社会資本の理論と政策—』東洋経済新報社。

各務和彦・福重元嗣(2005):「集積の経済と外生的な技術進歩」,『地域学研究』35、143-153。

金本良嗣・大河原透(1996):「東京は過大か—集積の経済と都市規模の経済分析」,『電力経済研究』,37、29-42。

金本良嗣・齋藤裕志(1998):「東京は過大か—ヘンリー・ジョージ定理による検証」,『住宅土地経済』,29、9-19。

金本良嗣・徳岡一幸(2002):「日本の都市圏設定基準」,『応用地域学研究』7、1-15。

亀山嘉大(2003):「従業者規模別の産業分布、産業の多様性と都市の階層性—商業の構造変化の検定を中心に」,『経済地理学年報』、49、313-60。

海道清信(2001):『コンパクトシティ—持続可能な社会の都市像を求めて』,学芸出版社。

来間玲二・大河原透(2001):「都市圏経済データの作成について」,応用地域学会での報告、http://isix.e.u-tokyo.ac.jp/~kurima/ARSC 1104.pdf

地域政策研究会(2003):『平成12年度行政投資実績(都道府県別行政投資実績報告書)』,地方財務協会。

徳永澄憲・阿久根優子(2005):「わが国製造業の集積の動態分析—エリソン=グレイサーの集積指数によるアプローチ」,『地域学研究』、35、155-174。

中里透(1999):「公共投資と地域経済成長」,『日本経済研究』、39、97-115。

中村良平・田渕隆俊(1996):『都市と地域の経済学』,有斐閣。

中村良平・江島由裕(2004)、「地域産業集積の定量分析」,『地域産業創生と創造的中小企

業』、大学教育出版。

八田達夫(2006):「都市回帰の経済学」、『都心回帰の経済学』、八田達夫編、日本経済新聞社、1-23。

宮崎智視(2004):「道路資本の生産力効果―地域間格差に着目した分析」、『応用地域学研究』、9、39-48。

横山直・高橋敏明・小川修史・久富良章(2003):「90年代以降の我が国における都市の成長―産業集積のメリットと地域経済活性化」、景気判断・政策分析ディスカッション・ペーパー、内閣府政策統括官。

吉田あつし・植田和樹(1999):「東京一極集中と集積の経済」、『日本経済研究』、38、154-171。

吉野直行・中島隆信(1999):『公共投資の経済効果』、日本評論社。

吉野直行・中野英夫(1994):「首都圏への公共投資配分」、『東京一極集中の経済分析』、八田達夫編、日本経済新聞社、161-189。

吉野直行・中野英夫(1996):「公共投資の地域配分と生産効果」、『フィナンシャル・レビュー』、41、大蔵省財政金融研究、16-26。

和文索引

【あ行】
RP法　24
足による投票　23
アメニティ　30
アメニティ帰属価額　39
受取補償額　25
SP法　25
大阪圏　22

【か行】
回帰分析　43
開放都市の仮定　33
環境　21
間接効果　93
間接効用関数　34
技術進歩　121
記述統計量　125
キャピタリゼーション　24
均等化差異理論　36
経済活動密度　119
経済評価　26
顕示選好法　24
公共投資　18
合成財市場　33
固定効果モデル　98
コブ・ダグラス型　96
郊外型ニュータウンの衰退　81
コンジョイント分析　25
コンパクトシティ　18, 138

【さ行】
サービス経済化　85
財産収入　50
産業クラスター　18

産業の集積度　94
産業の多様性　119
産業の地域特化　119
ジェイコブズ理論　94
自然的環境　21
支払意思額　25
社会指標　26
社会資本ストック　97
社会的環境　18, 21
就業機会　86
集積の経済　92
首都機能移転　18
小都市雇用圏　22
小都市の仮定　33
消費の多様性　85
職住一致の仮定　33
所得格差　85
人口移動関数　75, 83
人口再集中　74, 76
人口集中地区　22
新国民生活指標　26
スピルオーバー　23
産業基盤型社会資本　99
生活基盤型社会資本　99
生活の質　31
生産関数推定　92
生産力効果　92
制約付き最適化問題　52
相関係数　5

【た行】
第1の自然　21
大都市圏　22
大都市雇用圏　22

第2の自然　21
単位費用関数　36, 67
地域公共財　23
地域特化係数　96
地域特化の経済　92
知識スピルオーバー　129
チャウ・テスト　86
中心市街地活性化　18
直接効果　93
直接効用関数　34
転入超過数　76
等価余剰　25
東京圏　22
統合都市地域　94
都市化　118
都市回帰　30
都市化の経済　92
都市環境要素　18
都市規模　119
都市圏　22
都市固有の環境　21
都市再生事業　18
都市際的な概念　22
都市内的な概念　22
都市の概念　22
都市マスタープラン　18
都心回帰　30
土地市場　33
土地神話の崩壊　85
土地の資本化理論　36

【な行】
名古屋圏　22
2都市一般均衡モデル　49

【は行】
ハウスマン検定　98
パネル分析　98
非経済評価　26
費用関数　67
表明選好法　25
フェース・ツー・フェース・コミュニケーション　129
部門別社会資本　106
分散拡大要因　42
ヘドニック・アプローチ　24
ヘドニック価格法　24
ヘドニック賃金法　24
変量効果モデル　98
ポーター理論　94
補償賃金仮説　24
補償賃金格差理論　36
補償余剰　25

【ま行】
マーシャル-アロー-ローマー理論　94

【や行】
要素価格フロンティア　37

【ら行】
ラグランジュ関数　52
立地点固有の環境　21
旅行費用法［事後評価］　24
旅行費用法［事前評価］　25
労働市場　33
ロワの恒等式　36

【わ行】
ワルラス法則　59

英文索引

A
agglomeration economies　92

C
capitalization　24
Chow Test　86
city-specific environment　21
compensating surplus　25
conjoint analysis　25
contingent valuation method　25
CVM　25

D
degree of geographic concentration　94
Densely Inhabited District　22
DID　22
diversity　119

E
equivalent surplus　25

F
first nature　21

H
Hausman test　98
hedonic price method　24
hedonic wage method　24

I
Integrated Metropolitan Area　93
inter-city　22
intra-city　22

J
Jacobs theory　94

K
knowledge-spillover　129

L
local public goods　23
localization　119
localization economy　92
location-specific environment　21

M
Marshall-Arrow-Romer theory　94

P
People's Life Indicator　26
PLI　26
Porter theory　94

Q
Quality of Life　31

R
revealed preference　24
Roback　31

S
second nature　21
size　119
specialization　119
spillover　23
stated preference　25

T
Tiebout 23
travel cost method 25

U
urbanization 118
urbanization economy 92

V
variance inflation factor 42

W
willing to accept compensation 25
willingness to pay 25

■著者紹介

大城　純男　（おおしろ　すみお）

　　1951年4月　静岡県天竜市（現浜松市）生まれ
　　1975年3月　名古屋大学法学部法律学科卒業
　　1975年4月　名古屋市役所勤務、現在に至る
　　2001年3月　名古屋大学大学院経済学研究科博士前期課程修了
　　2004年3月　中京大学大学院経済学研究科博士後期課程単位取得満期退学
　　　博士（経済学）
　　e-mailアドレス：oshiro@r4.dion.ne.jp

主要著書・論文（すべて単著）
『新図表地方自治法・公務員法』東京法令出版（1985年。2006年9訂版2刷）
「一般均衡モデルによる日本の大都市のアメニティ評価」、『地域学研究』、日本地域学会、第33巻、305-315ページ（2003年）。
「日本の大都市における人口再集中の分析」、『人口学研究』、日本人口学会、第33号、117-120ページ（2003年）。
「日本の大都市雇用圏（MEA）における集積の経済と社会資本の生産力効果」、『応用地域学研究』、応用地域学会、第10号、55-66ページ（2005年）。

都市の環境評価と都市政策

2007年10月10日　初版第1刷発行

■著　　者────大城純男
■発　行　者────佐藤　守
■発　行　所────株式会社 大学教育出版
　　　　　　　　〒700-0953 岡山市西市855-4
　　　　　　　　電話（086）244-1268　FAX（086）246-0294
■印刷製本────モリモト印刷㈱
■装　　丁────ティーボーンデザイン事務所

© Sumio Oshiro 2007, Printed in Japan
検印省略　　落丁・乱丁本はお取り替えいたします。
無断で本書の一部または全部を複写・複製することは禁じられています。
ISBN978－4－88730－797－1